AF565792

Camille Joseph | Isabelle Kalinowski

Unerhörtes Sprechen

Philologien

Theorie – Praxis – Geschichte

Herausgegeben von
Christoph König und Nikolaus Wegmann

Camille Joseph | Isabelle Kalinowski

Unerhörtes Sprechen

Franz Boas und die indianischen Texte

Aus dem Französischen von Katrin Heydenreich

WALLSTEIN VERLAG

Originaltitel: La parole inouïe. Franz Boas et les textes indiens

Die Übersetzung dieses Buches wurde von
Translitteræ (École universitaire de recherche, programme
»Investissements d'avenir« ANR-10-IDEX-0001-02 PSL*
et ANR-17-EURE-0025) gefördert.

Bibliografische Information der Deutschen Nationalbibliothek
Die Deutsche Nationalbibliothek verzeichnet diese Publikation
in der Deutschen Nationalbibliografie; detaillierte
bibliografische Daten sind im Internet über
http://dnb.d-nb.de abrufbar.

www.wallstein-verlag.de
Vom Verlag gesetzt aus der Stempel Garamond und der Thesis
Umschlaggestaltung: Susanne Gerhards, Düsseldorf,
unter Verwendung von: Haida Bär, kollektiert von Israel W. Powell
bei dem Haida Volk im Jahre 1879. Copyright Musée Canadien
de l'Histoire, MCC VII-B-1054 (S92-4297)
Druck und Verarbeitung: Hubert & Co, Göttingen
ISBN 978-3-8353-5342-8

Inhalt

Zweiter Teil:
Der Anthropologe und seine Sprachobjekte

Einleitung

Geboren im westfälischen Minden, zehn Jahre nach der liberalen Revolution von 1848, deren Erinnerung in seinem jüdischen Elternhaus sehr lebendig gehalten wurde, widmete Franz Boas (1858-1942) sein Leben der Erforschung der Indianerstämme der Nordwestküste des nordamerikanischen Kontinents, vor allem derjenigen, die noch bis zum Beginn des 20. Jahrhunderts Kwakiutl genannt wurden.[1] Noch heute zeugen im großen Saal des American Museum of Natural History in New York, jenem »verzauberten Ort«,[2] dessen Kurator Boas von 1897 bis 1905 war, die Transformationsmasken und die sich zu beeindruckenden Totempfählen auftürmenden Tiergestalten von seiner Arbeit, die eine bleibende Faszination ausgelöst hat, wie Claude Lévi-Strauss in *Der Weg der Masken* in Erinnerung ruft.

Seine erste Feldforschung absolvierte Boas mit 25 Jahren noch nicht an der Westküste Kanadas, sondern auf Baffin-Land. Nach seinem Studium der Physik in Heidelberg, Bonn und Kiel und dem erfolgreichen Abschluss seiner Dissertation über die Farbe des Meerwassers hatte er sich um die Teilnahme an der deutschen Polarmission bemüht, die den Cumberland Sound nordöstlich der Hudson Bay erreichen sollte. Den jungen Forscher begeisterte die Aussicht, an der Entdeckung der legendären Nordwestpassage teilzuhaben, und für ihn erfüllte sich mit dieser Unternehmung ein Kindheitstraum, der Traum, die Weiten der Arktis zu ergründen und die Beziehungen zwischen den Menschen und ihrer Umwelt zu untersuchen. Die Reise, die von Juni 1883 bis September 1884 dauerte, stand unter dem Zeichen von Boas' Interesse für die Geografie:

1 Der Begriff ›Kwakiutl‹ bezieht sich auf vier Indianerstämme, die an der Nordwestküste Kanadas in British Columbia leben. Ursprünglich lebten sie in separaten Dörfern, doch ab 1849, d.h. ab der Gründung der Hudson's Bay Company, ließen sie sich zusammen in Fort Rupert nieder (vgl. Berman 1996, S. 216 Anm.). Heute ist für diese Stämme der Name Kwakwaka'wakw – »die, die Kwak'wala sprechen« – gebräuchlich.

2 Lévi-Strauss 2018, S. 9.

eine Disziplin, die dank der Impulse von Alexander von Humboldt und Friedrich Ratzel (dessen *Anthropo-Geographie* 1882 erschienen war) zu dieser Zeit in Deutschland eine bedeutende Entwicklung erfuhr. Boas, dessen Aufgabe offiziell in der Kartierung von Baffin-Land bestand, nahm seine Mission zum Anlass, sämtliche wissenschaftlichen Methoden anzuwenden, die er sich vor Beginn der Expedition in Berlin angeeignet hatte. Nicht nur mit Astronomie, Meteorologie und Topografie hatte er sich vertraut gemacht, sondern, dank Adolf Bastian, der Leitfigur der deutschen Ethnologie, auch mit den im Museum für Völkerkunde in Berlin aufbewahrten Sammlungen von Inuit-Objekten. Der Spezialist für physische Anthropologie Rudolf Virchow hatte ihn in die Methoden der Kraniometrie eingewiesen. Darüber hinaus hatte Boas die Grundlagen der Fotografie und etwas Inuktitut erlernt. Die wahre sprachliche Herausforderung sollte allerdings vor Ort auf ihn zukommen, denn die Inuit-Dialekte dieser Gegend waren bis dahin noch nie untersucht worden.

Boas arbeitete ganz im Sinne der deutschen Geografie-Tradition, wo Erforschung des physischen Raumes und ethnografische Untersuchung Hand in Hand gingen. Er war sowohl um die Kartierung der saisonalen Siedlungen und Wanderungsrouten der Inuit als auch um die Aufzeichnung ihrer Mythen und Gesänge und des Vokabulars und der Grammatik des im Süden dieser Gegend gesprochenen Dialekts bemüht. Für seine erste Veröffentlichung, *Baffin-Land. Geographische Ergebnisse einer in den Jahren 1883 und 1884 ausgeführten Forschungsreise*, bestand er gegenüber dem Verleger darauf, dass auf dem zahlreich abgedruckten Kartenmaterial die Orts- und Flächennamen in der Sprache der Eingeborenen, Inuktitut, erscheinen.[3] Die Landkarten, auf die er sich in dem Kapitel stützt, in dem er die Eisformationen und Küstenlinien beschreibt, hatte Boas von Eingeborenen zeichnen lassen. Er erkannte ihnen also implizit einen Sinn für räumliche Maßstäbe zu, der die wissenschaftlichen Kriterien der modernen Kartografie erfüllte, selbst wenn er bei manchen Kartenzeichnern einen Hang zur übertrieben vergrößerten Darstellung ihres »Landes« festgestellt

3 Boas 1885a.

hatte. Auf Boas' Bestreben hin sollten die Inuktitut-Namen auf den Karten in möglichst vereinheitlichter Schreibweise transkribiert werden (was dem Verleger jedoch nicht zu vollster Zufriedenheit gelang).[4] Die von den Inuit angefertigten Landkarten ermöglichten nicht nur das Erfassen bisher unerforschter Territorien; sie legten vor allem nahe, dass der gesamte Raum von Kultur durchdrungen war. Michel Espagne hat bemerkt, dass Boas' eigener Text von diesen fremden Toponymen durchdrungen ist. Dank des am Ende der Publikation platzierten Glossars lassen sie ein lebendiges und üppiges mythologisches Universum erahnen.[5] Noch Jahrzehnte später, 1934, zog Boas diese Namen heran, um sie mit den Toponymen der Kwakiutl zu vergleichen, die ihrerseits eine gänzlich am Ozean ausgerichtete Landschaft widerspiegeln.[6]

Am 15. April 1885, reichlich sechs Monate nach seiner Rückkehr von Baffin-Land, hielt Boas vor der Berliner Gesellschaft für Anthropologie, Ethnologie und Urgeschichte eine Konferenz über die »Sagen der Eskimos von Baffin-Land«, die im selben Jahr abgedruckt wurde.[7] Selbst wenn seine wissenschaftlichen Arbeiten zu diesem Zeitpunkt hauptsächlich der Geografie des Packeises, der Topografie oder der Erkundung des Nordpols gewidmet waren, so klang doch bereits in dieser Konferenz sein – nachhaltiges – Interesse für die sprachlichen Dimensionen der Mensch-Umwelt-Beziehung an. Auch die wenige Jahre später in den USA veröffentlichte Monografie *The Central Eskimo* (1888) enthielt erneut von den Inuit gezeichnete Landkarten, doch vor allem auch Dutzende Mythen und Legenden. Franz Boas zeigte, dass die mündlichen Überlieferungen der Inuit Zusammenhänge zwischen deren Lebensbedingungen und deren Kultur enthüllten, und entwickelte davon ausgehend eine Methode, bei der die Sprache des Ethnografen bereits hinter der seines Informanten zurücktrat.

Im folgenden Jahr erhielt Boas die Gelegenheit, im Museum für Völkerkunde in Berlin einer Vorführung von neun Bella-Coola-Indianern beizuwohnen. Zwei norwegische Forscher,

4 Vgl. Müller-Wille 2014, S. 99.
5 Espagne 2013, S. 96f.
6 Boas 1934.
7 Boas 1885b, S. 161-166.

der Kapitän Adrian Jacobsen und dessen Bruder Fillip, die für den berühmten Veranstalter von Tierschauen und »exotischen« Shows Carl Hagenbeck arbeiteten,[8] hatten sie nach Deutschland gebracht. Ursprünglich sollten die beiden Brüder eigentlich eine Gruppe von elf Kwakiutl-Indianern nach Berlin bringen, so erzählt Eric Ames. Als Dolmetscher der Gruppe war George Hunt vorgesehen, der später zu Boas' engstem Mitarbeiter werden sollte. Doch die Kwakiutl hatten sich in letzter Minute aus dem Staub gemacht und waren nach der Aushandlung eines Arbeitsvertrags durch die Bella Coola ersetzt worden.[9] Auf dem Programm ihrer Show, die durch mehrere deutsche Städte reiste, standen verschiedene Tänze und Rituale mit Musik, eine Vorführung im Bogenschießen und ein Potlatch.[10] Rudolf Virchow nahm in Berlin Messungen an den Indianern vor. Boas verbrachte seinerseits zwei Wochen mit der Untersuchung der Musik und der Sprache der Bella Coola, über die er zwei Artikel – einen auf Deutsch, den anderen auf Englisch[11] – veröffentlichte. Im darauffolgenden Jahr hielt er sich zum ersten Mal bei den Indianerstämmen an der Nordwestküste Kanadas auf, und 1887 schließlich wanderte er im Zuge seiner Anstellung als Geograf bei der Zeitschrift *Science* endgültig in die USA aus.

John P. Harrington zufolge war Franz Boas »vor allem ein Linguist«, der die Arbeit am Text bei Weitem jedem anderen ethnografischen Material vorzog.[12] Doch diese besondere Aufmerksamkeit für sprachliche Aspekte darf nicht als Interesse für den sprachlichen Zweig der Anthropologie zuungunsten der Untersuchung kultureller Aspekte gewertet werden, die lediglich den Hintergrund seiner linguistischen Arbeit bilden würden. Vielmehr stand Boas für die Idee »einer grundlegenden Einheit der beiden Disziplinen kulturelle Anthropologie und anthropologische Linguistik«[13] ein. Er glaubte nicht an die Homogenität sprachlicher und kultureller Phänomene, doch

8 Zu Hagenbeck, vgl. Ames 2009.
9 Siehe ebd., S. 40.
10 Cole 1982, S. 115.
11 Boas 1886a, S. 202-206 sowie ders. 1886b, S. 218.
12 Boas zit. in Harrington 1945, S. 97.
13 Espagne 2002, S. 153.

er lehnte eine Trennung der Disziplinen ab. Die drei großen Termini seines letzten zu Lebzeiten veröffentlichten Buchs *Race, Language and Culture* (1940) sind als eine Reihe von Oppositionen zwischen jeweils zwei Begriffen zu verstehen: zwischen Rasse und Sprache, zwischen Rasse und Kultur, zwischen Sprache und Kultur. Boas hatte unermüdlich darauf hingewiesen, dass sie nicht deckungsgleich sind. Das bedeutet, dass keine menschliche Gruppe sich als feststehende Kombination aus einem physischen Typus, einer Sprache und einer Kultur beschreiben lässt. Als Beleg dafür zog Boas die Tatsache heran, dass, sobald einer der Termini sich ändert, die beiden anderen nicht notwendig folgen. Klassifikationen der Menschheit, ob sie nun dem einen oder dem anderen Terminus den Vorzug geben oder einer Kombination zweier Termini, seien somit stets artifiziell: »Anatomischer Typus, Sprache und Kultur teilen nicht zwangsläufig das gleiche Schicksal. [...] Es liegt auf der Hand, dass Klassifikationsversuche der Menschheit, die sich auf die aktuelle Verteilung von Typus, Sprache und Kultur stützen, je nach Betrachtungsweise zu unterschiedlichen Ergebnissen führen müssen.«[14]

Die von Boas betonte Verschiebung zwischen diesen drei Bereichen lief darauf hinaus, die vorrangige Stellung eines einzelnen Klassifikationskriteriums der Menschheit, selbst die des sprachlichen, abzulehnen. Bereits Ratzel hatte das in seiner Anthropogeografie gelehrt. Er hatte sich vom rassischen Determinismus als erklärendem Faktor für die sprachliche und kulturelle Vielfalt definitiv abgewandt, ohne dass es ihm jedoch gelungen war, sämtliche Schwierigkeiten einer nicht hierarchischen Klassifikation und – insbesondere für den Geografen – deren kartografischer Darstellung zu lösen.[15] Physische oder kulturelle Grenzen interessierten Boas, sobald sie einen Übergang ermöglichten. Er gab zu bedenken, dass Homogenität sich meist als Hindernis für das Verständnis der Phänomene erwies, da sie ihm zufolge nur eine nachträgliche und zum Teil willkürliche Rekonstruktion darstellte. Boas interessierten im

14 Boas 1911c, S. 151.
15 Santini 2018.

Gegenteil die Differenzierungsprozesse,[16] die innerhalb der Kulturen beständig am Werk sind und insbesondere durch deren Kunst zum Ausdruck kommen. Im Folgenden haben wir nachzuvollziehen versucht, wie diese besondere Aufmerksamkeit für Unterschiede und Variationen zu Boas' wissenschaftlicher Methode avancierte.

Obwohl er keine klassische philologische Ausbildung besaß, war er ein glühender Verfechter des Sprachenlernens als wichtigster Zugangsvoraussetzung zu einer fremden Kultur. Sein gesamtes anthropologisches Projekt drehte sich um die Sammlung, Transkription, Übersetzung und Edition indigener Texte. Welche Richtlinien er dabei anwandte, steht im Zentrum unserer Untersuchung. Im ersten Teil haben wir die Rechtfertigung eines derartigen Unternehmens zu verstehen versucht, indem wir Boas' innovative Praxis der Textsammlung und -edition in ihm vorausgehende Bewegungen einordnen. Die von ihm entwickelte anthropologische »Linguistik« gründet sich auf tausendseitige Textkorpora. Dieses bevorzugte Material – insbesondere die Sammlungen von Mythen und Legenden – bildet das Fundament einer Arbeit über die Sprachen selbst. Boas ging aber noch einen Schritt weiter: Wenn er, wie Harrington es ausdrückte, »vor allem ein Linguist« war, dann vor allem in dem Sinn, dass Sprache für ihn einen Zugang zu anthropologischen Phänomenen anderer Ordnung darstellte. Um der immer wieder aufgewärmten Idee entgegenzuhalten, Boas hätte letztendlich nur unbrauchbares Material hervorgebracht und sei nie zu einer Interpretation gelangt, erlaubt die Untersuchung der Art und Weise, wie diese »Dokumente« zusammengestellt sind, in der Methodologie des Anthropologen ganz neue theoretische Optionen aufzuspüren.

16 Isabelle Kalinowski: »Présentation«, in: Boas 2017, S. 22.

Erster Teil: Sprachmethoden

Anthropologie und Texte

Boas' Methode: spezifisch amerikanisch?

In einer Abhandlung, die Melville Herskovits seinem ehemaligen Professor Franz Boas 1953 widmete, schrieb er, es gebe »keinen charakteristischeren Aspekt von [Boas'] Arbeit und der seiner Schüler als die zahlreichen Text- und Übersetzungsbände, die sie herausgegeben haben«.[1] Dieses Editionsunterfangen begann kaum ein paar Jahre nach Boas' Ankunft auf dem amerikanischen Kontinent mit Veröffentlichungen sowohl in amerikanischen Zeitschriften wie dem *Journal of American Folklore*, an dem Boas seit dessen Gründung 1888 mitarbeitete und das er später, zwischen 1908 und 1923, auch leitete, als auch in deutschen Publikationen, etwa der *Zeitschrift für Ethnologie*. Während seiner langen wissenschaftlichen Laufbahn, zwischen Ende der 1880er Jahre und Anfang der 1940er Jahre (bis zu seinem Tod 1942), publizierte Boas nicht nur unter seinem eigenen Namen eine beeindruckende Anzahl von Textsammlungen, er initiierte auch, wie Herskovits in Erinnerung ruft, eine breite kollektive Veröffentlichungsbewegung indianischer Texte im *Journal of American Folklore*, den *Memoirs of the American Folklore Society* und den ersten Bänden der *Columbia University Contributions to Anthropology*.

Boas' Hauptargument für diese gewaltige Editionsarbeit war das drohende Aussterben der betroffenen Sprachen – ein klassischer Beweggrund der *salvage anthropology*, der den meisten Anthropologen seiner Zeit gemein war. Sie stand etwa im Mittelpunkt des 1879 vom Bureau of American Ethnology ins Leben gerufenen Programms zur Kartierung (*survey*) des amerikanischen Territoriums. Das Bureau war von dem Forscher John Wesley Powell (1834-1902) gegründet worden und in der Smithsonian Institution in Washington untergebracht. Powell, der es von 1879 bis zu seinem Tod leitete, war selbst

1 Herskovits 1953, S. 87.

kein Sprachwissenschaftler, hatte aber die Untersuchung der indianischen Sprachen zu einer der Prioritäten seiner Einrichtung erhoben. Nicht alle ethnografischen Traditionen verfolgten indes diese Methode des Aufzeichnens mündlicher indianischer Spracherzeugnisse in Sprachen, die kurz vor dem Aussterben standen. Der amerikanischen Anthropologiehistorikerin Regna Darnell zufolge ist der zentrale Stellenwert, der den Texten zukommt, kennzeichnend für die amerikanische Anthropologietradition, zu deren Weiterentwicklung Boas entscheidend beitrug: »Weder in der britischen noch der französischen Tradition wird der Akzent derart auf die Texte gelegt, selbst in der deutschen nicht, was paradox erscheint, betrachtet man die Ursprünge dieser textbasierten Tradition.«[2] Auch Sylvain Auroux, der die globale Geschichte der Sprachwissenschaft untersucht, hebt die Spezifität der USA hervor, wo »trotz des Einflusses, den die deutsche bzw. europäische Sprachwissenschaft auf Boas oder Bloomfield ausgeübt hat, [...] die Geschichte der Sprachenforschung [...] ursprünglich einer anderen Tradition an[gehörte]«.[3] Bezeichnend für diese Besonderheit ist zum Beispiel auf institutioneller Ebene die Tatsache, dass Linguistik-Lehrstühle an den Anthropologie-Fakultäten angesiedelt waren. Für den Ethnologen und Linguisten Dell Hymes wiederum stellt der Umstand, dass die Sprachwissenschaft fester Bestandteil der Ausbildung amerikanischer Anthropologen war, einen wesentlichen Unterschied zur britischen Tradition dar, wo zwar in Vorbereitung auf die Feldarbeit eine Sprache erlernt werden konnte, jedoch weder Methoden noch Konzepte der Linguistik vermittelt wurden.[4] Zur Illustration der Besonderheit dieses amerikanischen Ansatzes hat Regna Darnell die Auseinandersetzung zwischen dem Linguisten Edward Sapir (1884-1939), Erbe der Boas'schen Methode der Textedition, und dem britischen Anthropologen Alfred Radcliffe-Brown (1881-1955) nachgezeichnet, der 1931 an der Universität Chicago Sapirs Lehrstuhl übernahm. Radcliff-Brown hatte sich geweigert, Navajo-Texte zu veröffent-

2 Darnell 1992, S. 43.
3 Auroux 2015, S. 154.
4 Hymes 1983, S. 140-142.

lichen, die von einem engen Mitarbeiter Sapirs, dem Pastor Berard Haile, zusammengetragen worden waren. In einem in den Archiven der Anthropologie-Fakultät der Universität Chicago aufbewahrten und höchstwahrscheinlich an deren Direktor adressierten Brief beurteilte Radcliff-Brown die Edition dieser Texte als unnötig und belanglos:

> »Wozu sollen derartige Texte da sein? Ich wünschte, Sapir hätte mich über diesen Punkt aufgeklärt. Ich habe seinen Brief durchgelesen ohne herauszufinden, was genau man mit solchen Texten anfängt. [...] Eines ist mir klar: Wenn sie nur deshalb aufbewahrt werden, weil sie am Verschwinden sind, und weil sie akkurat transkribiert sind, dann werden sie aus rein antiquarischen Motiven veröffentlicht.«[5]

Sapir hingegen betrachtete diese Texte als »unschätzbare linguistische Dokumente«. Für ihn war eine derartige Infragestellung der amerikanischen Methode durch den britischen Funktionalismus so, als würde ein »Banause« »mit einer herablassenden Bemerkung die Texte der Homer'schen Epen beiseiteschieben«.[6] Ein im September 1932 an Franz Boas adressierter Brief, der in den Archiven der American Philosophical Society aufbewahrt ist, legt nahe, dass Sapir ihn über diese Auseinandersetzung in Kenntnis setzte. Beide glaubten an die Stichhaltigkeit ihrer gemeinsamen Methode. Und nachdem Boas Sapir bescheinigt hatte, »das Niveau der linguistischen Arbeiten über die Indianer Amerikas in den vergangenen Jahrzehnten [angehoben]«[7] zu haben, fühlte dieser sich dazu ermutigt, den von seinem Vorgänger eröffneten Weg weiterzugehen: »Der Gedanke, dass ich einen entscheidenden Beitrag zur Weiterentwicklung der von Ihnen begründeten Tradition leiste, macht mir Mut.«[8]

In einem Text von 1914, »Mythology and Folk-Tales of the North American Indians«, reflektiert Boas den Entwicklungs-

5 Zit. in Darnell 1992, S. 41.
6 Ebd., S. 42.
7 Brief von Edward Sapir an Franz Boas, 29. September 1932 (Franz Boas Papers, American Philosophical Society).
8 Ebd.

stand dieser Tradition, deren Begründung er mit einigen wenigen Namen verknüpft:

> »In den letzten zwanzig Jahren wurde ein sehr beachtliches Korpus von Legenden der nordamerikanischen Indianer zusammengetragen. Vor ihrer Publikation waren die nahezu einzigen großen Sammlungen, die der Forschung zur Verfügung standen, die von H[inrich] Rink herausgegebenen Eskimo-Legenden, deren Material zum Teil von Eingeborenen Anfang des 19. Jahrhunderts zusammengetragen und auch in der indigenen Sprache von Grönland gedruckt worden war; ferner die Überlieferungen, die É[mile] Petitot bei den Athapascas im Nordwesten Kanadas aufgelesen hatte; die von J[ames] O[wen] Dorsey gesammelten Ponca-Legenden; einige von Stephen R. Riggs aufgezeichnete Sioux-Legenden; sowie die von Albert S. Gatschet zusammengetragenen Überlieferungen der Klamath. Auch das in der *Library of Aboriginal American Literature* von Daniel G. Brinton veröffentlichte Material ist erwähnenswert. In all diesen Publikationen hat man sich um eine getreue Widergabe der indigenen Legenden bemüht, und genau darin unterscheiden sie sich grundlegend von den literarischen Unternehmungen eines [Henry] Schoolcraft, von [Johann Georg] Kohl und anderen.«[9]

Boas konfrontiert hier das Projekt einer systematischen Sammlung indianischer Texte, dessen Entwicklung er vorantreiben wollte, mit früheren Arbeiten, denen es mehr um ihren literarischen und künstlerischen Wert als um eine strenge wissenschaftliche Bearbeitung ging. Henry Rowe Schoolcraft (1793-1864), von Emile Petitot als »der Mann, der die meisten Irrtümer über die Rothäute verbreitet hat«[10] in Verruf gebracht, vertrat in der ersten Hälfte des 19. Jahrhunderts die amerikanische »Regierungsanthropologie«. Er war 1822 zum Zuständigen für indianische Angelegenheiten berufen worden, in einem Gebiet, das sich über Wisconsin, Michigan und Minnesota erstreckte, und hatte die Tochter einer Ojibwe-Frau

9 Boas 1914, S. 374.
10 Petitot 1886, S. XV.

geheiratet, die ihm ihre Sprache beibrachte und ihm erlaubte, bei ihren Stammesmitgliedern Legenden zu sammeln. Diese Legenden erschienen lose in den zahlreichen Sammlungen, die er zeitlebens veröffentlichte. Er rechnete der Sprache eine wichtige Rolle für die Kenntnis der Indianerstämme zu.[11] Schoolcraft war vor allem als Autor des sechsbändigen quasi enzyklopädischen Werks *Historical and Statistical Information Respecting the History, Conditions and Prospects of the Indian Tribes of The United States* (1851-1857) bekannt, das im Zuge der territorialen Expansion der United States und der damit einhergehenden Gefährdung der indigenen Kulturen entstand. Das Adjektiv »literarisch«, das Boas hier benutzt, um Schoolcrafts Arbeit zu verunglimpfen, gilt jedoch offenbar eher dem 1856 erschienenen Band *The Myth of Hiawatha*. Über die nationalistischen Absichten ihres Autors konnte diese Veröffentlichung indianischer Legenden, die Schoolcraft ins Englische übertragen hatte, nicht hinwegtäuschen; für ihn sollten die indianischen Texte »die Grundlage der literarischen Unabhängigkeit« Amerikas bilden.[12]

Die von dem deutschen Forschungsreisenden Johann Georg Kohl (1808-1878) veröffentlichten Texte entstanden nicht aus einem derartigen Emanzipationsbestreben der amerikanischen Wissenschaft und Literatur gegenüber ihren europäischen Modellen heraus. Kohl, der von Boas ebenfalls einer ästhetisierenden Anthropologietradition zugeordnet wurde, hatte 1855 bei den Ojibwe in Wisconsin gelebt. Er stand Adolf Bastian, dem Berliner Völkerkundemuseum und dem Geografen Carl Ritter nahe und hatte sich für seine Untersuchung der Ojibwe-Stämme direkt an dem von den Brüdern Grimm geerbten deutschen Sammlungs-Modell mündlicher Überlieferungen inspiriert.[13] Trotz Bastians Ermutigungen führte Kohl seine ethnografische Arbeit nicht weiter, veröffentlichte jedoch eine Reihe von Schriften über seine Reise nach Amerika, in die er zahlreiche Legenden, die er direkt bei den Ojibwe aufgelesen hatte, einfließen ließ.

11 Hinsley 1981, S. 23.
12 Schoolcraft 1856, S. 1.
13 Vgl. Bieder in seiner Einleitung zur Neuauflage von Kohl 1985, S. 12.

Diesen beiden Autoren also stellte Boas eine jüngere amerikanistische Tradition gegenüber, getragen von der Gelehrtengeneration, die ihm direkt vorausging. Diese bemühte sich, die Bedingungen für eine »getreue« Wiedergabe von Legenden und Mythen zu schaffen. Ihre großflächig angelegten Erhebungsprojekte, die auf eine Kartierung – und Klassifizierung – der Sprachen des amerikanischen Kontinents abzielten, waren Boas zufolge erst in den 1880er Jahren entstanden.[14] Ein bemerkenswertes Beispiel für eine solche Unternehmung war die Arbeit von Daniel Garrison Brinton (1837-1899), Inhaber des ersten Anthropologie-Lehrstuhls an der Akademie der Wissenschaften in Philadelphia. Brinton hatte die Notwendigkeit ins Feld geführt, die Texte der indianischen Völker Amerikas in ihrer Originalsprache zu veröffentlichen, und zwischen 1882 und 1890 unter dem Titel *Library of Aboriginal American Literature* eine achtbändige Reihe herausgegeben, in der er »gewaltige Textmassen«[15] kompilierte, die Boas als qualitativ weitaus hochwertiger einschätzte als etwa Schoolcrafts impressionistische Arbeiten. Die in der *Library* jeweils mit einer englischen Übersetzung veröffentlichten Texte waren in einem weiten geografischen Raum (von den Mayas über die Lenni Lenapes bis zu den Irokesen) zusammengetragen worden. Dem Amerikanisten und Anthropologen Emmanuel Désveaux zufolge zeugten sie »beinahe einhundert Jahre vor Lévi-Strauss« von »[Brintons] Intuition [...] der kulturellen Einheit Amerikas, beruhend auf der Mythologie«.[16] Brinton gab einem linguistischen Ansatz den Vorzug und vertrat das Prinzip, die Texte in der Originalsprache zu sammeln und mit einer geringstmöglich interventionistischen Wort-für-Wort-Übersetzung[17] zu prä-

14 Boas 1917a, S. 1.

15 Ebd.

16 Désveaux 2013, S. 85.

17 Daniel G. Brinton besorgte die Übersetzung von sechs Bänden: *The Maya Chronicles* (1883), *The Gueguence: A Comedy Ballet in the Nahuatl-Spanish Dialect of Nicaragua* (1883), *The Lenâpé and Their Legends* (1884), *The Annals of the Cakchiquels* (1885), *Ancient Nahuatl Poetry* (1890), *Rig Veda Americanus* (1890). Ein Band (*The Iroquois Book of Rites*, 1883) wurde Horatio Hale anvertraut, der 1888 für seine zweite Mission in British Columbia Franz Boas anheuerte, und der achte Band (*A Migration Legend of the Creek Indians*, 1884) wurde von Albert S. Gatschet betreut.

sentieren, und den künftigen Forschern somit statt fertiger Analysen ein rohes Material an die Hand zu geben.[18]

Vor der Gründung des Bureau of American Ethnology (1879), dessen grundlegende Rolle bei der Entwicklung der sprachwissenschaftlichen Untersuchung der amerikanischen Völker Edward Sapir hervorgehoben hat,[19] wurden die ersten linguistischen Arbeiten vor allem von Missionaren durchgeführt, die zur Evangelisierung der indigenen Völker deren Sprache erlernten und Wörterbücher und Grammatiken ausarbeiteten.[20] Einige dieser Arbeiten waren besonders innovativ, etwa die 1851 von dem mährischen Missionar Samuel Kleinschmidt (1814 auf Grönland in einer Missionarsfamilie geboren und 1886 in derselben Gegend verstorben) veröffentlichte grönländische Grammatik, die Boas benutzt hatte: Ihre Besonderheit lag darin, dass sie nicht nach dem traditionellen Modell der lateinischen Grammatiken aufgebaut, sondern an das Grönländische angepasst war. Ein anderer Missionar, der französische Pastor Emile Petitot (1838-1916), wird von Boas erwähnt, weil er es nicht bei der bloßen Zusammenstellung von Wörterbüchern beließ, sondern auch Texte sammelte. Der Anthropologe Pierre Déléage, der dieser umstrittenen Persönlichkeit 2017 eine Monografie gewidmet hat, teilt diese Feststellung: »Zwar war er bei Weitem nicht der erste Missionar, der ein Wörterbuch und eine Grammatik zu einer Indianersprache veröffentlicht hat« (Petitot beaufsichtigte immerhin die Edition eines kolossalen Wörterbuchs, des *Dictionnaire de la langue déné-dindjié* [1876[21]], in dem nicht weniger als drei Dene-Dialekte beschrieben sind), »doch im Bereich der Edition mythologischer Erzählungen war er seiner Zeit weit voraus: Er trug aus dem Munde [zahlreicher Dene-Erzähler] Geschichten in der Dene-Sprache zusammen, transkribierte sie und bot sowohl eine wörtliche Übertragung als auch eine literarische Übersetzung an«.[22] Petitot hatte nahezu zwanzig Jahre (von 1862 bis 1874 und von 1876 bis 1882) im hohen

18 Clements 1996, S. 140f.
19 Sapir 1917, S. 76.
20 Darnell 2000, S. 85.
21 Petitot 1876.
22 Vgl. Déléage 2017, S. 55.

Norden Kanadas verbracht und nach seiner Rückkehr den gern von Boas zitierten Band *Traditions indiennes du Canada nord-ouest* publiziert (im Grunde handelt es sich um zwei Bände, die denselben Titel tragen und jeweils 1886 und 1888 veröffentlicht wurden[23]). Im zweiten Band wurden die Originaltexte von einer Wort-für-Wort-Übersetzung begleitet; Petitot wollte damit keine banale »Kompilation«, sondern »die größte, meistgelesene und authentischste Sammlung von Nicht-Eskimo-Überlieferungen aus dem hohen Norden«[24] vorlegen.

Das Modell der Textsammlung als Erweiterung bzw. Ergänzung von Wörterbüchern und Grammatiken wurde in den USA von John Wesley Powell gefördert, und zwar von seinem ersten Rechenschaftsbericht für das Bureau of American Ethnology (1881) an: Die in seiner *Introduction to the Study of Indian Languages* (1877) von ihm formulierten Empfehlungen und die Standardisierung der Praktiken, vor allem der Transkriptionspraxis, sollten zur Veröffentlichung einer »großen Reihe von Chrestomathien« führen.[25] Im zweiten Bericht des Bureau, der 1883 veröffentlicht wurde, insistierte Powell darauf, dass jedes anthropologische Vorhaben auf einer linguistischen Arbeit aufbauen sollte. Denn das philologische Studium »nicht geschriebener« Sprachen erforderte zwangsläufig das Aufschreiben nicht nur von Wörtern, sondern vor allem von Texten. Powell empfahl »die frühe Veröffentlichung von Grammatiken und Wörterbüchern in Verbindung mit *Texten* bzw. einem Literatur-Korpus, das bei indianischen Leitfiguren gesammelt wurde und die Gegebenheiten und Prinzipien einer Sprache illustriert, während es gleichzeitig Aufschluss über die Glaubensgrundsätze und Traditionen der Eingeborenen gibt«.[26] Er wollte sich von der »lexika-

23 Petitot 1886 sowie ders. 1888. Pierre Déléage zufolge adressierten sich die beiden Bände nicht an dasselbe Publikum: der erste Band galt eher der »gebildeten Leserschaft«, der zweite richtete sich an »Philologen« (Déléage 2017, S. 55). Boas zitiert den 1886 von Petitot veröffentlichten Band in seinem Nachwort zu *Indianische Sagen* (Boas 1895, S. 336); allem Anschein nach war ihm der gleichnamige Band von 1888 nicht bekannt.

24 Petitot 1886, S. III.

25 Powell 1881, S. XV.

26 Ders. 1883, S. XX [Hervorhebung d. Autorinnen].

len Methode [*the vocabulary method*]«[27] distanzieren und sie durch die Sammlung von *connected texts*, d.h. Legenden, Wortwechsel usw., ersetzen. Powell schlug auch sofort ein Editionsmodell für diese oralen Zeugnisse vor: Seine »Methode zur Aufzeichnung [*recording*] der indianischen Sprachen« veranschaulichte er anhand eines von dem Missionar James Owen Dorsey (1848-1895) erhobenen Omaha-Mythos, drei durch den Philologen Albert Gatschet zusammengetragene Klamath-Mythen und eine »Fabel« der Dakota, die der Pastor Stephen Riggs (1812-1883)[28] transkribiert hatte. Dieser hatte 1852 eine wichtige Schrift über die Sprache der Dakota-Indianer veröffentlicht (*Grammar and Dictionary of the Dakota Language*); ihre Wiederauflage 1893 unter dem Titel *Dakota Grammar, Texts, and Ethnography* zeugt von der Wendung, die die amerikanistische Linguistik in der zweiten Hälfte des 19. Jahrhunderts genommen hatte.

Unter den Autoren, die vor den 1880er Jahren Textsammlungen veröffentlichten, erwähnt Boas auch den Dänen Hinrich Rink (1819-1893), der, nachdem er zunächst nach Grönland gekommen war, um die Bodenschätze der Insel zu begutachten, zwischen 1858 und 1868 eine umfangreiche Sammlung mündlicher Überlieferungen anlegte. Die Originalität von Rinks Arbeit bestand nicht nur darin, dass er bei den Inuit Legenden sammelte, sondern auch darin, dass er diese Texte auf dem ganzen Territorium Grönlands verfügbar machte, indem er sie auf einer kleinen aus Dänemark mitgebrachten Druckpresse vervielfältigte.[29] Im Zuge mehrerer Aufenthalte in verschiedenen Gegenden der Insel hatte Rink nämlich festgestellt, dass die Bewohner Grönlands ihre Sprache zu schreiben und zu lesen gelernt hatten. Er wandte sich direkt an sie und bat sie, ihre Legenden aufzuschreiben und sie ihm zu schicken. Diese Texte und die nach Inuit-Zeichnungen angefertigten Lithografien, die

27 Der Begriff geht auf James Hammond Trumbull zurück, einen unabhängigen Linguisten, der, nachdem er zusammen mit Powell an der Einrichtung der in den 1860er Jahren von der Smithsonian Institution zusammengetragenen Wörterbücher gearbeitet hatte, die Methode des ›Wort-für-Wort‹-Annäherns an die indianischen Sprachen kritisiert hatte (vgl. Trumbull 1869-1870, S. 55-79).

28 Dorsey/Gatschet/Riggs 1881, S. 579-589.

29 Thisted 2001, S. 254.

als Illustrationen dienten, wurden in vier Bänden in dänischer und grönländischer Sprache veröffentlicht (*Kaladlit okalluktualliait / Grönlandske Folkesagn* 1859-1863) und ab und zu auch in der 1861 von Rink begründeten Zeitung *Atuagagdliutit*.

Boas reihte sich somit in eine amerikanische (oder vielmehr: amerikanistische) Tradition der Sammlung mündlicher indianischer Überlieferungen ein, die sich in den letzten drei Jahrzehnten des 19. Jahrhunderts entwickelt hatte. Er war nicht der erste Vertreter dieser auf der Erhebung, Transkription, Übersetzung und Edition von Texten beruhenden Methode, doch er trug, indem er im Museum of Natural History in New York (1895-1905) und anschließend an der Columbia University mehrere neue Forschergenerationen ausbildete, maßgeblich zu ihrem wachsenden Einfluss bei und gab ihr ganz neue theoretische Implikationen und epistemologische Resonanzen.

Anthropologie und »philologische Gründlichkeit«: die Sprachkompetenz

Alfred Kroeber hat geschildert, wie er durch die Teilnahme an Boas' Kursen über indigene Sprachen zum Anthropologen wurde: Boas' Schüler von der Columbia University hatten zu lernen, anhand von Texten die Grammatik einer Sprache zu analysieren. Der Linguistik-Kurs, der »dienstags abends bei [Boas] am leergeräumten Esstisch der Familie stattfand«, war dermaßen anspruchsvoll, dass es »ein Paar Bier aus dem Saloon an der Ecke« bedurfte, »um die Anspannung von zwei Stunden Chinook oder Eskimo zu überwinden«.[30] Diese Unterweisung in sprachwissenschaftliche Methoden, die laut Kroeber eher mit einer »Labormethode«[31] zu vergleichen war, ging einher mit der praktischen Anwendung einer oder mehrerer Sprachen. Margaret Mead, die ebenfalls von Boas an der Columbia University ausgebildet wurde, erzählt, mit welcher Eindringlichkeit er seine Studenten dazu anhielt, sobald sie eine Feldforschung in Angriff nehmen wollten, gleichzeitig auch eine Sprache zu

30 Kroeber 1943, S. 7, zit. in Hymes 1983, S. 247.
31 Kroeber 1939, S. 119, zit. in ebd.

erlernen.[32] Boas hielt sich selbst an diesen methodologischen Imperativ: Er erlernte mehrere indianische Sprachen, und zwar, wie die Anthropologin Judith Berman betont, ausgesprochen schnell und erfolgreich für einen Forscher ohne sprachwissenschaftliche Ausbildung. Berman unterstreicht, wie mühelos Boas imstande war – und seine Feldnotizen zeugen davon – innerhalb weniger Tage die sprachlichen Grundlagen zu erlangen, um Textmaterial von sehr guter sprachlicher Qualität erheben zu können.[33] In einem anderen Artikel beschreibt die Autorin die beeindruckende Fertigkeit,[34] mit der Boas eine indianische Sprache wie Kwak'wala (= Kwakiutl) beherrschte: Allenfalls bemerkten die einheimischen Sprecher eine gewisse »Langsamkeit« in seinem Sprechen, wie Helen Codere, die Herausgeberin seiner posthumen *Kwakiutl Ethnography* schrieb.[35]

Eine solche Immersion in die Sprache sollte nicht nur zu einer direkten Verständigung befähigen, d.h. die Vermittlung über einen Dolmetscher oder eine dritte Sprache überflüssig machen, sondern vor allem die Erhebung von Sprachmaterial ermöglichen, das anschließend in Grammatiken, Wörterbüchern und Texteditionen verarbeitet werden konnte. So gelang es Boas dank der Unterstützung einiger seiner Studenten, die in seinen linguistischen Methoden geschult waren, das Material zu seinem großen *Handbook of American Indian Languages* (1911) zusammenzutragen.[36] Auch bei der Vorbereitung der

32 Mead 1959, S. 36.
33 Vgl. Berman 1996, S. 223.
34 Vgl. dies. 1991, S. 1-36, insbes. S. 28.
35 Vgl. Boas 1966, S. XXV.
36 Das *Handbook*, dessen Veröffentlichung sich über mehr als dreißig Jahre erstreckte und an dem von Boas' Schülern u.a. John R. Swanton, Edward Sapir, Ruth Bunzel oder Gladys Reichard mitarbeiteten, präsentierte einen grammatischen Ansatz zu folgenden Sprachen: Athapaskisch, Tlingit, Haida, Tsimshian, Kwakiutl, Chinook, Maidu, Algonkin, Sioux et Eskimo (Bd. I, 1911); Takelma, Coos, Siuslaw, Chuckchee (Bd. II, 1922); Tonkawa, Quileute, Yuchi, Zuni, Cœur d'Alene (Bd. III, 1938); Tunica (Bd. IV, 1943). Von Boas selbst stammen die Teile, die den Sprachen Tsimshian, Kwakiutl, Chinook und Sioux (mit John Swanton) gewidmet sind. Franz Boas' Einleitung des *Handbook of American Indian Languages* wurde jüngst auf Französisch von Chloé Laplantine herausgegeben: Introduction au Handbook of American Indian Languages, Limoges (Boas 2018).

Jesup-Expedition (1897-1902), deren wissenschaftliche Leitung Boas anvertraut wurde, war die Kenntnis einer lokalen Sprache ein entscheidendes Kriterium für die Auswahl der Mitarbeiter: Für den sibirischen Teil der Expedition rekrutierte Boas zwei ehemalige politische Gegner des Zaren, Waldemar Jochelson und Waldemar Bogoras, unter anderem deshalb, weil sie die lange Zeit ihrer Verbannung nach Sibirien genutzt hatten, um einige Sprachen, die in der Gegend ihres Exils gesprochen wurden, zu erlernen.[37] Am 28. Dezember 1905 hielt Boas auf der gemeinsamen Versammlung der American Anthropologists, des Archeological Institute of America und der American Philological Association ein leidenschaftliches Plädoyer für die Übernahme der in den philologischen Disziplinen gängigen sprachlichen Anforderungen in die Anthropologie:

> »Es scheint mir, dass der klassische Archäologe oder der klassische Philologe ein nachsichtiges Lächeln nicht vermeiden kann, wenn er von seriösen anthropologischen Untersuchungen hört, die von Forschern durchgeführt werden, die weder die Zeit, noch das Interesse, noch die Übung haben, sich mit der Sprache der von ihnen untersuchten Völker vertraut zu machen. Wäre nicht dem philologischen Kanon nach ein Forscher, der nicht in der Lage ist, klassische Texte zu lesen, von der Liste seriöser Wissenschaftler zu streichen? Würde nicht der Historiker, der die Geschichte der Zivilisation des Mittelalters erforscht, aber die Literatur dieser Zeit nicht lesen kann, aus dem Kreis der Forscher ausgeschlossen werden? Würde der Spezialist orientalischer Länder, der, um seine Kenntnisse zu erwerben, auf die Unterstützung eines Dolmetschers angewiesen ist, bei der Untersuchung dieser Länder nicht als unfähiger Vermittler angesehen werden? Mit genau dieser Situation sieht sich jedoch die Anthropologie seit jeher konfrontiert: Nur sehr wenige Wissenschaftler haben sich die Zeit genommen und es als notwendig erachtet, sich ausreichend mit den indigenen Sprachen vertraut zu machen, um direkt zu verstehen, worüber die Menschen, die Gegenstand ihrer Forschung sind, sprechen, was sie denken und was sie tun. Und

37 Vgl. Kalinowski 2018.

noch rarer sind diejenigen, die sich die Mühe gemacht haben, die Sitten, religiösen Ansichten und Überlieferungen der Menschen in deren eigenen Worten festzuhalten. [...] In dieser Hinsicht haben die Anthropologen alles von Ihnen zu lernen. [...] Die Zeit muss kommen, da wir verlangen müssen, dass Überlieferungen, die im verstümmelten Englisch eines Dolmetschers niedergeschrieben wurden, Bräuche, die beschrieben, aber nicht durch Eingeborene erklärt wurden, Erhebungen traditioneller Handwerke, die lediglich auf der objektiven Beobachtung des Forschers beruhen, als ungenügend angesehen werden, und in der wir von dem seriösen Forscher den gleichen Grad an philologischer Gründlichkeit verlangen müssen, der in Ihren Wissenschaften zum Standard geworden ist.«[38]

Diese Stellungnahme war von enormer Tragweite: Sie lief darauf hinaus, ganze Bereiche der existierenden ethnografischen Produktion, Reiseberichte oder Monografien über indigene Völker oder Stämme, als minderwertiges wissenschaftliches Material einzustufen, mit der Begründung, dass es jeglicher »Beobachtung«, die nicht mit einem mündlichen Austausch mit den Einheimischen – in *der Originalsprache* wohlgemerkt – einhergeht, an Ernsthaftigkeit und Relevanz mangelt. Selbst Beschreibungen von »Objekten«, Werkzeugen, kunsthandwerklichen Erzeugnissen oder Kunstwerken konnten nicht als »seriöse« Analysen betrachtet werden, wenn sie nicht mit dem, was deren Nutzer darüber zu erzählen hatten, in Korrelation gebracht wurden. Boas war der Auffassung, dass allein die »Beschreibung der Sitten und religiösen Vorstellungen« durch die Eingeborenen selbst in ihrer eigenen Sprache den »nahezu unvermeidlichen Verzerrungseffekt« abzuschwächen vermochte, den ein außenstehender Beobachter mit seiner willkürlichen Sichtweise zwangsläufig einführte. Allein der Diskurs der Indianer selbst konnte »den Schwerpunkt« auf die für sie wirklich wichtigen Punkte legen.[39] Boas lehnte daher jegliche »teilnehmende Beobachtung« ab und misstraute den Beschreibungen von Außenstehenden – sogar seinen eigenen –, wie der Altame-

38 Boas 1906, S. 642f.
39 Ders. 1966, S. 5.

rikanist Michael Dürr hervorgehoben hat.[40] Selbst stilistische und formelle Objektstudien, Technikgeschichte oder Bestandsaufnahmen zur »Entwicklung« eines Werkzeugs über die Zeiten und Kulturen hinweg galten als nicht wissenschaftlich fundiert, wenn sie nicht mit Sprachzeugnissen in Verbindung gebracht wurden. Im selben Jahr, in dem Boas diesen radikalen und ikonoklastischen Standpunkt vertrat – 1905 –, kündigte er im Streit seine Stelle als Kurator am New Yorker Museum of Natural History. Wir werden zu Beginn des zweiten Teils auf diesen entscheidenden Bruch zurückkommen, der Boas dazu führte, die Trennung zwischen der Erforschung der »materiellen Kultur« – er war einer der Ersten, der diesen Begriff prägte – und der philologischen Erforschung der Sprachen und Texte der Indianer aufzuheben. Mit seiner Entscheidung, sich ab 1905 hauptsächlich seiner Lehrtätigkeit an der Columbia University zu widmen, begann Boas ausdrücklich mit der Ausbildung einer neuen Generation von Anthropologen. Neben einer handfesten sprachlichen Kompetenz erlangten diese auch die Fähigkeit, Editionsarbeiten durchzuführen. Die auf diesem Gebiet von ihm bevorzugten Methoden werden wir nun etwas näher beleuchten.

40 Dürr 1992, S. 107.

Boas' Editions- und Übersetzungsmethoden

Interlinearübersetzung und »Übersetzung«

Bereits ab seiner Sammlung *Indianische Sagen von der Nord-Pacifischen Küste Amerikas* (1895), von der einige Legenden im Vorhinein, zwischen 1891 und 1895, in der *Zeitschrift der Berliner Gesellschaft für Anthropologie, Ethnologie und Urgeschichte* abgedruckt wurden, veröffentlichte Boas ausschließlich Texte, die von ihm persönlich bzw. von seinen engsten Mitarbeitern zusammengetragen worden waren. Den Texten sollte theoretisch eine gewisse »Rückverfolgbarkeit« eignen, in Wirklichkeit waren die Angaben zu den Umständen, Ort und Zeitpunkt ihrer Aufzeichnung, zur Identität von Informanten und Sammler doch sehr ungenau. Der systematische Zugriff auf ein Material »aus erster Hand« (d.h. im Feld und in der Originalsprache festgehalten) ging bei Boas nicht zwangsläufig mit der Weitergabe sammlungsrelevanter Informationen einher, so sehr dies auch aufgewertet wurde. Im Vorwort zu den *Indianischen Sagen* schrieb er, dass die vorliegenden Texte von ihm selbst »auf wiederholten Reisen nach der pacifischen Küste Amerikas aus dem Munde der Indianer« aufgezeichnet wurden, insbesondere die Sagen der Kwakiutl und der Tsimschian, die er »direkt aus der Ursprache in's Deutsche« übertragen habe.

Diese Praxis, die darin bestand, eine Transkription des Textes in der Originalsprache in unmittelbarer Verbindung mit einer Übersetzung abzudrucken (wobei deren untergeordnete Stellung im Druckbild daran zu erkennen war, dass sie nach oder neben der Transkription erschien), wurde von dem deutsch-amerikanischen Wissenschaftler aktiv gefördert, auch wenn er sie in seinen eigenen Publikationen, wie noch zu sehen sein wird, nicht systematisch anwandte. Boas war nicht der Erste, der die Publikation von indianischen Texten in der Originalsprache verfocht: Laut Pierre Déléage ist die erste Edition einer Transkription indianischer Texte in der Originalsprache mit begleitender Übersetzung Émile Petitot zu verdanken. In den beiden Bänden seiner *Traditions indiennes du Canada nord-ouest* (1886 und 1888), insbesondere im zweiten, hatte Petitot bereits im großen Maßstab ein Modell vertreten, bei dem Transkription des Originaltexts und wortwörtliche Übersetzung nebeneinander stehen. Im Folgenden ein Beispiel, das zeigt, wie er Transkription und Übersetzung buchstäblich auf ein und dieselbe Ebene stellte; zu sehen ist auch, wie sehr Petitot (weitaus mehr als Boas) um eine wortgetreue Wiedergabe und die möglichst exakte Einhaltung der syntaktischen Modulationen des Originaltextes bemüht war.

Déléage erkennt hier einen entscheidenden Wendepunkt in der Mythologie-Forschung: Durch das Hinzufügen von Transkriptionen wird die Gefahr einer willkürlichen Lektüre eingeschränkt ebenso wie die Projektionen, die mit dem simplen Paraphrasieren oder Zusammenfassen des erhobenen Erzählguts einhergehen können. Er schreibt: Die beiden von Petitot editierten Bände »stellen soweit ich weiß das erste Werk dar, in dem der Ethnograf sich nicht mit der Zusammenfassung der mündlichen Überlieferungen eines Indianervolks begnügt, sondern deren ursprünglichen Text in all seiner Komplexität etabliert: soweit wie irgend möglich von der ideologischen Hülle des Ethnologen befreit, unendlich übersetzbar, unendlich interpretierbar«. Er bedauert, dass »abgesehen von einem Bibliografen, der in ihm den Vorgänger von Franz Boas sah,[41] Petitots Transkriptions- und Übersetzungsarbeit nahezu in Vergessenheit geraten [ist]«, obwohl er »der erste Ethnograf [war], der die Anforderungen für eine exakte und aufrichtige Umsetzung einer mündlichen Tradition in ein geschriebenes Werk auf ein annehmbares Niveau angehoben: die Voraussetzung für eine wenigstens etwas objektive Untersuchung des indianischen Wissensschatzes«.[42]

Sich selbst bezeichnete Petitot in der Einführung zum ersten Band seiner *Traditions indiennes* als Fortführer der Arbeiten von »Brasseur de Bourbourg, Rink, Brington [sic], Bancroft«.[43]

41 Vgl. Maud 1982.
42 Déléage 2017, S. 56.
43 Petitot 1886, S. I.

IV

Kρwon-étan	L'homme sans feu (Conte ressemblant à l'histoire d'Abraham).
Kρwon-étan tthey Nakantsell tthey ttṣindjô ρahan nil'eykætaρan. Ttṣindjo L'atρatsandia buzji. Nakantsell vætchiakρen koullen tinétizjik. Kρwon-étan kodathak° tρadanshet. Ey tthey væ tchiakρet llen. Ey gwoρat ettsendow shan ñiρakwitéttchin, nizjigo ñil'eykhædhaρè ttogoρallœ.	Sans-feu et l'Ennemi petit aussi une femme à cause de mutuellement se battaient. La femme Celle que l'on se ravit mutuellement est son nom. Le Petit-ennemi ses guerriers étaient nombreux. Sans-feu tous les détruisit. Lui aussi ses jeunes gens beaucoup. C'est pourquoi finalement seuls ils demeurèrent, sans cesse ils s'entretuaient attendu que.
ñil'eykhætaρan. Ttṣindjò nizjin L'atρatsandia, kité nivia, tṣow-kit téshætchρo ttien ttṣet, vendjikaneltsi kwindjia, néyitchitiyik. Kiténivia tagættset-oëndjik tchittṣchiet kokkénatρié. Edétan kuttié tchitρen ñi-	On se battait. La femme belle, Celle que l'on se pillait mutuellement, la portière sur le seuil suspendue par derrière, une fente à travers, observait. La portière elle souleva, dehors elle regarda. Elle-même

Abb. 1: Auszug aus É. Petitot, Traditions indiennes du Canada Nord-Ouest, Alençon 1888, S. 199.

Von seinen zitierten Vorgängern war Ersterer der Autor der 1861 veröffentlichten französischen Edition des berühmten *Popol Vuh* oder *Livre du Conseil des Mayas*,[44] die sich durch eine gegenüberliegende Präsentation des Originaltexts (auf den

44 ›Das Buch des Rates. Popol vuh. Schöpfungsmythos und Wanderung der Quichè-Maya‹ (Boas 1962).

POPOL VUH.

HUPAH CHI VUH.

NABEHEBAL.

Are u xe oher tzih varal Quiche u bi.

Varal x-chi-ka tzibah, x-chi-ka tiqiba vi oher tzih, u tiqaribal, u xenabal puch ronohel x-ban pa-tinamit Quiche, r'amag quiche vinak:

Are cut x-chi-ka qam vi u qutunizaxic, u calahobizaxic, u tzihoxic puch euaxibal, zakiribal rumal Tzakol, Bitol, Alom, Qaholom, qui bi Hun-Ahpu-Vuch, Hun-Ahpu-Utiu, Zaki-Nima-Tzyiz, Tepeu, Gucumatz, u Qux-Cho, u Qux Palo, Ah-Raxa-Lak, Ah-Raxa-Tzel:

LE LIVRE SACRÉ.

PREMIÈRE PARTIE.

PRÉAMBULE

Voici l'origine de l'ancienne histoire (du pays) ici appelé Quiché.

Ici nous écrirons et nous commencerons l'histoire d'autrefois, le principe et l'origine de tout ce qui s'est fait dans la cité du Quiché, dans les tribus de la nation quichée:

Voici donc que nous amènerons la manifestation, la découverte et l'éclatement de ce qui était dans l'obscurité, l'œuvre de son aurore par la volonté du Créateur et du Formateur, de Celui qui engendre, de Celui qui donne l'être, et dont les noms sont: Un Tireur de Sarbacane au Sarigue (1), Un Tireur de Sarbacane au Chacal (2), le Grand (3) Blanc Piqueur (d'épines), le Dominateur, le Serpent couvert de plumes (4), le Cœur des Lacs, le Cœur de la Mer, le Maître du Planisphère verdoyant, le Maître de la Surface azurée (5).

Abb. 2: Abbé Brasseur de Bourbourg, Popol Vuh, 1861, S. 3-4.

geraden Seiten) und seiner Übersetzung (auf den ungeraden Seiten) auszeichnete.

Der Untertitel dieser Textsammlung, *Le Livre sacré et les mythes de l'Antiquité américaine [Die heilige Schrift und die Mythen der amerikanischen Antike]*, bringt eines unmissverständlich zum Ausdruck: Indem er »das erste amerikanische Buch« in der Originalsprache veröffentlichte und »denselben wissenschaftlichen Weg [einschlug], der seit so langer Zeit schon entsprechenden vom Orient hervorgebrachten Werken offen steht«,[45] wollte Brasseur die Grundlage für die Erforschung der »amerikanischen Antike« schaffen, die mit denselben Methoden erforscht zu werden verdiente wie die klassische oder die orientalische Antike. Für ihn stand außer Zweifel,

45 Brasseur 1861, S. I.

dass »ein Werk, gänzlich geschrieben in einer indigenen Sprache Amerikas, die leicht verständlich und elegant, klangvoll und reich an Ausdrücken und an grammatischen Formen ist und deren Dialekte noch heute in Gebrauch sind, zwangsläufig philologisches Interesse erwecken [würde]«.[46] Doch obgleich sich Brasseur 1860 im Stammesgebiet der Quiché aufgehalten hatte, basierte seine Edition nicht auf der Niederschrift einer mündlichen Überlieferung. Es handelte sich nicht um eine direkt angefertigte Transkription, sondern um die übersetzte, kommentierte und mit Anmerkungen versehene Edition eines Manuskripts, oder vielmehr: einer ganz zu Beginn des 18. Jahrhunderts angefertigten Kopie eines offenbar auf Mitte des 16. Jahrhunderts zu datierenden Manuskripts. Auch Daniel G. Brinton, ein weiterer von Petitot angeführter Vorgänger, hatte im Rahmen seiner eindrucksvollen *Library of American Aboriginal Literature* indianische Manuskripte veröffentlicht. Der zweite, von Horatio Hale im Jahr 1883 herausgegebene Band *The Iroquois Book of Rites* bestand zum Beispiel aus einer kritischen Edition zweier Manuskripte, die Hale bei einem seiner Aufenthalte beim Stamm der Irokesen gefunden hatte. Die von den Indianern unter Anwendung der von den anglikanischen Missionaren erlernten Orthografie in der Originalsprache niedergeschriebenen Texte (der eine auf Mohawk, der andere auf Onondaga) wurden mit einer gegenüberliegenden englischen Übersetzung abgedruckt.

Boas' Unternehmung schloss anfangs somit eher an Petitots Arbeit an, d.h. die der direkten Transkription. Doch auch in die Praxis der Manuskripteditionen lässt sie sich einreihen, insofern als Boas, wie noch zu sehen sein wird, wo keine Manuskripte vorhanden waren, zunehmend deren Erstellung durch indigene oder halb-indigene Mitarbeiter anregte.

Formal waren die Modelle, die Boas bei der visuellen Darstellung seiner Sammlungen indigener Texten und deren Übersetzungen heranzog, im Laufe der Zeit vielen Variationen unterworfen. Einen Überblick gibt die folgende Tabelle, in der die unterschiedlichen Editionsweisen, die Boas während seiner gesamten Karriere anwandte, aufgelistet sind.

46 Ebd., S. X.

Übersicht zu Boas' Editionen indianischer und Eskimo-Texte mit besonderem Augenmerk auf die Präsentation der Originaltexte und deren Übersetzungen

Titel und Jahr	Mitarbeiter / Informant	Präsentationsweise der Übersetzung
1886 *Die Sprache der Bella-Coola-Indianer*	Nicht angegeben	Weder Übersetzungen noch Originaltexte. Kurzer Überblick zur Grammatik
1888 *The Central Eskimo* 1888 *Chinook Songs*	Nicht angegeben	Transkription in der Originalsprache + Übersetzung (2 Spalten), Wörterliste + Noten
1889 *Eskimo Tales and Songs*	Angegeben für eine Überlieferung, die von »einem alten Eskimo namens Pakaq« erzählt wurde	
1889 *Notes on the Snanaimuq*		2 Sagen nur auf Englisch
1894 *Chinook Texts*	Charles Cultee	Transkription in der Originalsprache mit Interlinearübersetzung
1895 *Indianische Sagen von der Nord-Pacifischen Küste Amerikas*	Nicht angegeben	Texte nur auf Deutsch
1896 Traditions of the Ts'ets'å'ut	Nicht angegeben –Boas präzisiert, dass zur Zeit seines Aufenthalts 1894-1895 nur noch 12 Stammesmitglieder am Leben sind	Texte nur auf Englisch
1898 *Traditions of the Tillamook Indians*	Nicht angegeben	Texte nur auf Englisch
1898 *The Mythology of the Bella Coola Indians*	Nicht angegeben	Texte nur auf Englisch
1901 *Kathlamet Texts*	Charles Cultee	Texte jeweils auf Englisch und darunter in der Originalsprache mit Interlinearübersetzung
1901 *The Eskimo of Baffin Land and Hudson Bay*	George Comer, James S. Mutch, E.J.Peck	Texte nur auf Englisch

1902 *Tsimshian Texts*	Philip, Moses, Chief Mountain, Moody	Texte jeweils auf Englisch und darunter in der Originalsprache mit Interlinearübersetzung
1905 *Kwakiutl Texts*	Texte von Hunt erhoben	Erster Text auf Englisch und darunter in Originalsprache mit Interlinearübersetzung, »um dem Forscher detailliertes Material an die Hand zu geben«; zweispaltige Darstellung für alle anderen Texte – links Englisch, rechts Kwakiutl –, »um mühelos eine Textpassage in Kwakiutl und ihre englische Entsprechung zu finden«.[47]
1906 *Kwakiutl Texts, second series* (Texte von Hunt erhoben, von Boas überarbeitet)	Texte von Hunt erhoben	2 Spalten: links Englisch, rechts Kwakiutl
1907 *Second Report on the Eskimo of Baffin Land and Hudson Bay*	»Auf Grundlage von Notizen, die von George Comer, James Mutch und Reverend Peck gesammelt wurden«	Texte ausschließlich Englisch; abgesehen von ein paar Texten mit Interlinearübersetzung (Erhebung und Übersetzung von Peck)
1909 *Notes on the Iroquois Language*	Boas erwähnt, er habe »Mohawks in St. Regis [= einem Reservat im Staat New York]« gehört	Ein Text mit Interlinearübersetzung, alle anderen Texte nur mit englischer Übersetzung
1910 *Kwakiutl Tales*	George Hunt und »andere Eingeborene«	Eine Seite in der Originalsprache + Übersetzung auf Englisch auf der folgenden Seite
1910 *Kwakiutl: an illustrative sketch* (Auszug aus dem *Handbook of American Indian Languages*)	Nicht angegeben	Grammatik gefolgt von Texten mit Interlinearübersetzung

47 Boas 1905, S. 4.

1910 *Tsimshian: an illustrative sketch* (Auszug aus dem *Handbook of American Indian Languages*)	Nicht angegeben	Grammatik gefolgt von Texten mit Interlinearübersetzung
1910 *Chinook: an illustrative sketch* (Auszug aus dem *Handbook of American Indian Languages*)	Nicht angegeben	Grammatik gefolgt von Texten mit Interlinearübersetzung
1912 *Tsimshian Texts. New Series*	Transkription der Texte von Henry Tate, Überarbeitung durch Boas und »Archie Dundas, ein Vollblut-Tsimshian aus New Metlakatla in Alaska«	Text auf Englisch auf einer Seite und gegenüber Originaltext mit Interlinearübersetzung
1912 *Notes on Mexican Folklore*	»Legenden, die von einem alten Mann, Pedro Marcelino Pastor, und dessen Töchtern diktiert wurden«	Englische Übersetzung gefolgt vom Originaltext auf Spanisch
1913 *Notes on the Chatino Language of Mexico*	Ezéquiel Vásquez	Kurzer Text mit Interlinearübersetzung
1916 *Tsimshian Mythology*	Henry Tate	Texte nur auf Englisch
1917, *Folk-tales of Salishan and Sahaptin tribes*	Texte erhoben von James Teit, Marian K. Gould, Livingston Farrand und Herbert J. Spinden	Texte nur auf Englisch
1917 *Grammatical Notes on the Language of the Tlingit Indians*	»Geschrieben von M. [Louis] Shotridge«	Grammatik, Wortschatz und ein Text mit Interlinearübersetzung
1918 *Kutenai Tales*	Texte 1891 von A. Chamberlain und 1914 von Boas erhoben. Informanten 1891: Paul und Michel; Angi McLaughlin; 1914: Pierre Andrew, Pierre Numa, Mission Joe, Felix Andrew, Barnaby	Auf ein und derselben Seite: Text auf Englisch; darunter Text in der Originalsprache mit Interlinearübersetzung
1921 *Ethnology of the Kwakiutl*	Texte von Hunt erhoben. Informanten nicht erwähnt, abgesehen von Mme Hunt für den Teil »Zubereitung der Nahrung«	Auf ein und derselben Seite: Text auf Englisch; darunter Text in der Originalsprache mit Interlinearübersetzung

1922 *Tales of Spanish Provenience from Zuni*	Gesammelt 1920 aus dem Mund von »Nick«	Ausschließlich englischer Text
1925 *Contributions to the Ethnology of the Kwakiutl*	Texte von Hunt erhoben	Eine Seite in der Originalsprache und englische Übersetzung auf der nächsten Seite
1928 *Keresan Texts*	KO·´T ^{y}ε Pedro Martin, Robert Marmon, Solomon Day, G^{y}i·´mi, tsai´t^{y}'i.	Bd. 1: Texte in Englisch; Bd. 2: handschriftliche Texte in der Originalsprache
1928 *Bella Bella Texts*	Willy Gladstone und ein »Kwakiutl-Informant« (G. Hunt?)	Wort-für-Wort-Übersetzung vis-à-vis dem Originaltext. Darstellung der letzten Legende: Interlinearübersetzung Kwakiutl und Englisch
1930 *Religion of the Kwakiutl Indians*	Transkription der Texte: Boas und Hunt	1. Teil: Texte in der Originalsprache; 2. Teil: Texte in Englisch
1932 *Bella Bella Tales*	Textes erhoben von Boas und Hunt, der auch als Dolmetscher diente. Einige Texte wurden von *Ō´dzē$^{\varepsilon}$stalis* weitergegeben, »einem Bella Bella, der seit Langem in Fort Rupert lebt«. Jeder Legende wird der Name der Person, die sie erzählt hat, vorangestellt.	Texte ausschließlich auf Englisch
1935-1943 *Kwakiutl tales, new series*	Letzte von Boas erhobene Texte (1930-1931)	Bd. 1 (1935): Texte in Englisch; Bd. 2 (1943): Texte in der Originalsprache

Aus der Übersicht geht hervor, dass Boas hauptsächlich auf zwei große Übersetzungsarten zurückgriff, die sich für ihn wie für einige seiner Vorgänger nicht etwa gegenseitig ausschlossen, sondern oft ergänzend verwendet wurden: die Interlinearübersetzung und die dem Originaltext gegenüberstehende (bzw. auf einer separaten Seite, vor oder nach dem Originaltext präsentierte) Übersetzung. Bezeichnend für die erste war eine größere Wörtlichkeit im Vergleich zur zweiten, deren Sprache ihrerseits »literarischer« und elaborierter war. Nachdem er in seinen ersten Publikationen ausgiebig Gebrauch davon gemacht hatte, benutzte Boas nach 1905 das Modell der Interlinearübersetzung nicht mehr. Dieses Modell, dessen Urheber er keineswegs war, hatte Ende des 18. Jahrhunderts eine erste Blütezeit erlebt, in Deutschland und Frankreich, vor allem im Bereich der Fremdsprachen,[48] aber auch für klassische Überlieferungen. 1817 zum Beispiel schrieb Jean-Pierre Abel-Rémusat seine lateinische Fassung des chinesischen Werks *L'Invariable Milieu* (*Zhongyong*, dt.: *Maß und Mitte*) im Modus der Interlinearübersetzung.[49]

Boas scheint die Interlinearübersetzung erstmalig in den 1889 publizierten *Eskimo Tales and Songs* verwendet zu haben. Herausgegeben hatte Boas dieses Buch zusammen mit dem dänischen Geologen und Linguisten Hinrich Rink, dem Spezialisten für die Sprachen Grönlands, von dem weiter oben bereits die Rede war. Nachdem Boas 1883 und 1884 Legenden und Gesänge der Eskimos am Cumberland Sound zusammengetragen hatte, unterhielt er zwischen 1884 und 1885 mit Rink eine Korrespondenz, und dieser Dialog hatte einen entscheidenden Einfluss auf seine philologische Methode. Rink half Boas bei der Bearbeitung der Texte, die Boas während seines Aufenthalts auf Baffin-Land gesammelt hatte.[50] Die Grundlage bildete ein Modell, das aus einer Transkription des Originaltextes, einer Interlinearübersetzung mit Anmerkungen zu grammatischen Gesichtspunkten sowie einer »Übersetzung« ins Englische bestand (der Gebrauch des Begriffs *translation* für Letztere lässt darauf schließen, dass die Interlinearübersetzung offenbar nicht gänzlich als Übersetzung aufgefasst wurde). Dieses vom Bureau of American Ethnology empfohlene Modell wurde wie erwähnt im ersten Rechenschaftsbericht von 1881 durch drei von den Linguisten James O. Dorsey, Albert S. Gatschet und Stephen Riggs gesammelte,

48 Der Ausdruck ›Interlinearübersetzung‹ [*traduction interlinéaire*] war in Frankreich seit Ende des 18. Jahrhunderts in Gebrauch. Vgl. beispielsweise den 1802 in Paris vom Verleger Fuchs publizierten *Essai de traduction interlinéaire des cinq langues hollandaise, allemande, danoise, suédoise et hébraïque.*

49 Wir danken Denis Thouard für diesen Hinweis.

50 Silverstein 2015, S. 108.

übersetzte und editierte Texte illustriert.[51] John W. Powell empfahl den Mitarbeitern des Bureau, Textsammlungen mit beigefügter Interlinearübersetzung zu veröffentlichen, um »die Untersuchung der wesentlichen grammatischen Besonderheiten zu erleichtern«.[52] Die drei Beispiele erzählten eine Legende demnach jeweils in drei Versionen: als Transkription in der Originalsprache, als Interlinearübersetzung und als »freie« Übersetzung ins Standard-Englische. In seinem zweiten Rechenschaftsbericht erinnerte Powell erneut daran, dass das Bureau das Aufbewahren und Niederschreiben von Legenden »in ihrer Originalsprache, mit einer Interlinearübersetzung und ohne jegliche fremde Couleur oder Zusatz«[53] zum Prinzip erhoben hatte. Noch einige Jahre später, 1890, pries Gatschet in seiner Studie zur Ethnografie der Klamath-Indianer die Methode der Publikation von Texten, »die von den Indianern selbst suggeriert oder diktiert wurden und mit einer Interlinearübersetzung und Anmerkungen versehen sind«, als »die effizienteste Methode, um sich mit jeder beliebigen Sprache vertraut zu machen«.[54]

Betrachten wir einen Auszug aus dem 1889 von Boas und Rink herausgegebenen *Eskimo Tales and Songs*:

Die reduzierte Schriftgröße der Interlinearübersetzung deutet darauf hin, dass Boas und Rink ihr gegenüber der Transkription des Originaltextes einen untergeordneten Stellenwert einräumten; darüber hinaus musste aufgrund der Anordnung der übersetzten Segmente zwischen den Zeilen eine Wörtlichkeit eingehalten werden, die die Übersetzung dazu zwang, der Syntax des Originalsatzes streng zu folgen, sei es auf Kosten der Korrektheit des englischen Satzbaus. An ein solches Ensemble schlossen sich in der Regel einige Bemerkungen zur Sprache und Grammatik an, in denen die Funktion oder Bedeutung bestimmter im Text auftauchender Begriffe des Eskimo-Dialekts am Cumberland Sound erklärt wurden. Anschließend folgte eine Paraphrase, die die Handlung des Textes

51 Vgl. Dorsey/Gatschet/Riggs 1881.
52 Powell 1881, S. XV.
53 Ebd., S. XXX.
54 Gatschet 1890, S. VII.

I. THE WOMAN AND THE SPIRIT OF THE SINGING HOUSE.

Arnaq : " Naung ō'ma inuraju'nga ?[1] Naung ō'ma
Woman : " Where that one its owner? Where that one

taoraju'nga ?[2] Qagilu'gō [3] inurajuqaju'va,[4] qagilu'gō
its man? If there is a singing house for him (?) it has an owner (?) if there is a singing house for him (?)

taorajuqaju'va. Inurajuqadja'ngilaq." [5]
it has a man (?) It has no owner."

Qa'gim i'nua : " Uba'rajuk, taba'rajuk."
The singing house its owner : " Here he is, there he is."

Arnaq : " Naung ō'ma isijaraju'ngin ? Naung ō'ma
Woman " Where that one his feet? Where that one

kanaraju'ngin ? Naung ō'ma siqoraju'ngin ? Naung ō'ma
the lower part of his legs? Where that one his knees? Where that one

quqtoraraju'ngin ? Naung ō'ma ōqpatiraju'ngin ? "
his thighs? Where that one the upper parts of his thighs?"

Qa'gim i'nua : " Uba'rajuk, taba'rajuk."
The singing house its owner : " Here they are, there they are."

Arnaq : " Naung ō'ma timiraju'nga ? "
Woman : " Where that one his belly? "

Qa'gim i'nua : " Uba'rajuk, taba'rajuk."
The singing house its owner : " Here it is, there it is."

Arnaq : " Naung ō'ma kīatiraju'nga ? Naung ō'ma teliraju'nga ?
Woman : " Where that one the upper part of his body? Where that one his arm?

Naung ō'ma qomasiraju'nga ? Naung ō'ma nēaqoraju'nga ? "
Where that one his neck? Where that one his head."

Qa'gim i'nua : " Ubarajuk, taba'rajuk."
The singing house its owner : " Here it is, there it is."

Nujarajuqadja'ngilaq.
He had no hair.

Abb. 3: Auszug aus F. Boas und H. Rink: Eskimo Tales and Songs, Journal of American Folk-Lore 1889, S. 45.

umschrieb, oder, in manchen Fällen, eine Übersetzung (»*translation*«).

Der Forscher stellte auf diesem Weg diverse Lektüre-Schlüssel zur Verfügung, die unterschiedliche Zugangsweisen widerspiegelten und zum Teil dem philologischen Modell der kritischen Edition griechischer und lateinischer Texte entsprachen (zweisprachige Texte, lexikalische und grammatikalische Anmerkungen, Kommentar): Boas wandte sie auf mündliche Überlieferungen an, die er im Laufe seiner Karriere unermüdlich zu Korpora zusammenführte. Seine Absicht bestand nicht darin, sie in einer endgültigen Form zu fixieren, sondern sie als »klassische« Texte zu präsentieren, die in ihren stilistischen und narrativen Komponenten von ebenso großem Interesse sind wie die Korpora des griechisch-lateinischen Literaturerbes. Doch stellte die Verwendung der Interlinearübersetzung eine wesentliche Abweichung vom Editionsmodell der klassischen Philologie dar: Während Letztere das Prinzip der Einzigartigkeit der vorgeschlagenen Übersetzung und die seitenweise Gegenüberstellung des lateinischen oder griechischen Textes mit seiner Übersetzung zum Grundsatz erhoben hatte, unterschied Boas zwischen der interlinearen Wiedergabe eines Textes und einer »Übersetzung« im strengen Sinne und konnte, wie wir gesehen haben, beide in ein und derselben Edition aufeinander folgen lassen. Indem er die erste der syntaktischen Architektur des Textes aufs Engste entsprechen ließ, suggerierte er, dass die zweite die formalen Eigenschaften des ursprünglichen Textes nicht ausreichend widerzuspiegeln vermochte. Im Vorwort zu seiner Sammlung von Chinook-Texten führte er ins Feld, dass er zwar verschiedene Arten der Übersetzung verwendete, doch in erster Linie dem Gebot der »Erhaltung der Form« folgen wollte:

> »In den folgenden Seiten wird man lediglich die Texte und deren Übersetzung finden. [...] Den ersten Text habe ich fast wortwörtlich übersetzt; bei allen weiteren Texten war es mein einziges Anliegen, den Sinn akkurat wiederzugeben, weswegen einzelne kurze Sätze hinzugefügt, andere weggelassen wurden. Auf jeden Fall wurde die Form der Chinook-Sätze soweit wie möglich erhalten.«[55]

An Boas' Editionsarbeit von Kwakiutl-Texten hatte sein wichtigster Mitarbeiter George Hunt, Sohn eines schottischen Vaters und einer Tlingit-Mutter, einen entscheidenden Anteil. Bei der Untersuchung der Korrespondenz zwischen Boas und Hunt hat Judith Berman festgestellt, dass die von den beiden Männern publizierten Interlinearübersetzungen der Kwakiutl-Texte größtenteils nicht direkt von Boas angefertigt worden waren, sondern zunächst von Hunt. Von Boas wurden Hunts Fassungen jedoch akribisch lektoriert und stark korrigiert.[56] Dass Boas die Interlinearübersetzung derselben Person anvertraute, die auch die Texte zusammentrug, spiegelt mehr wider als nur eine Arbeitsteilung, bei der er das Verfassen der stilistisch vollendeteren Übersetzung für sich beanspruchte. Es hat den Anschein, als hätte der Anthropologe anhand des Inter-

55 ›Historical Account‹, in: Boas 1894, S. 5f.
56 Vgl. Berman 1991, S. 28.

linear-Modells und des Rückgriffs auf einen indigenen Sprecher mir der Ausarbeitung eines Übersetzungstyps experimentieren wollen, der so eng wie möglich an den originalen Wortlaut gebunden ist. Im Vergleich zu Petitots Modell oder dem Modell der Manuskript-Edition, von dem weiter oben die Rede war, war die Anfertigung einer Interlinearübersetzung durch einen »Eingeborenen« eine völlig neuartige Methode. Boas schuf damit einen Raum für eine intermediäre linguistische Praxis, die die englische Sprache dazu »zwingen« sollte, sich dem indianischen Wortlaut anzunähern und ihn gerechter abzubilden. Diese Operation – auch darauf kommen wir noch zurück – setzte den Rückgriff auf zwei- oder mehrsprachige Mitarbeiter voraus. Die Musikwissenschaftlerin Frances Densmore, die mit Boas zusammengearbeitet hat, behauptete sogar, dass nur Indianer, die die englische Sprache sicher beherrschten, eine echte wortgetreue Übersetzung herstellen konnten.[57] Was Hunt betrifft, so hatte er höchstwahrscheinlich zuerst Englisch (die Sprache seines Vaters) und anschließend Kwak'wala sprechen gelernt. Boas schien erkannt zu haben, dass sich aus Hunts Kenntnis verschiedener indianischer und europäischer Sprachen ein wissenschaftlich fruchtbarer Ertrag schlagen ließ. Im Fall der Kutenai-Texte, die Boas von Informanten zugetragen bekam, die zwar »das Englische gut beherrschten«, jedoch nicht in der Lage waren, »die grammatischen Formen des Kutenai zu deuten«,[58] d.h. eine wortwörtliche Fassung zu liefern, erwiesen sich die im Nachhinein durch andere Infor-

57 »Für einen Dolmetscher oder einen Weißen ist es unmöglich, dem poetischen Denken eines Indianers etwas beizufügen. Der Dolmetscher, der wortwörtlich übersetzt, ohne die Ideen zu paraphrasieren oder zu erweitern, ist der einzige Dolmetscher, dessen Arbeit zuverlässig ist. Die Wörter hören sich für ihn oft unsinnig an und er ist versucht, die Terminologie der Missionare zu verwenden, doch sobald er das tut, verschwindet die Qualität des Ursprünglichen. Dank unserer Regierung und der Missionsschulen kann ein gewissenhafter Dolmetscher, der langsam und sorgfältig arbeitet, die englische Sprache mit einem seltenen Scharfsinn anwenden. Gewöhnlich *denkt* er lange *nach* und gibt diesen tiefen Seufzer, der für indianische Dolmetscher typisch zu sein scheint, von sich. [...] Wenn er die Übersetzung schließlich preisgibt, spiegelt sie seine größte Anstrengung wider und wird selten abgeändert.« (Densmore 1936, S. 70f.).

58 Boas 1918, S. V.

manten angefertigten Übersetzungen als quasi unbrauchbar, wie Lévi-Strauss feststellen musste.[59] Voraussetzung für Wörtlichkeit war demnach die Mehrsprachigkeit des Informanten, verbunden mit einer soliden Kenntnis der eigenen Sprache. Die Korrespondenz zwischen Boas und Rink lässt darauf schließen, dass Boas auch ihn um eine »Wort-für-Wort«-Übersetzung der Eskimo-Texte, die er ihm 1885 geschickt hatte, gebeten hatte:[60] In diesem Fall ging Boas zwar nicht von einer ab dem Kindesalter entwickelten Sprachkenntnis aus, setzte aber dennoch eine sehr tiefe Kenntnis der Sprache voraus, deren spezifische Strukturen und Formen die Interlinearübersetzung genaustens nachzuzeichnen erlauben sollte. In seinem Kurs über indianische Sprachen an der Columbia University benutzte Boas Texte mit Interlinearübersetzung, um seine Schüler, die die Originalsprache nicht kannten, die Erfassung der grammatischen Strukturen zu lehren: »Er legte seinen Schülern einen Interlineartext vor und analysierte ihn. So erarbeitete er nach und nach die Struktur der Sprache.«[61]

Boas' Anliegen, die Wahrnehmung des Lesers auf die »Form der Sätze« zu lenken, gründete auf seiner besonderen Aufmerksamkeit für die Syntax der betroffenen Sprache sowie der des übersetzten Texts. Wesentlich waren jedoch auch der Rhythmus und die Aneinanderreihung der Klänge: Allein die visuelle Darstellung seiner Transkriptionen, denen Boas in bestimmten Fällen eine Versform gab – auch wenn er, wie Judith Berman bemerkt, ebenso gut Texte »am Stück« und ohne jegliche Unterteilung in Absätze abdrucken konnte[62] –, kann als Versuch betrachtet werden, die Artikulationen dieser Diskursformen und sogar die Pausen zwischen dem Gesagten wiederzugeben. Im Fall der Wiedergabe in Versform kann man von einer ersten grafischen Übersetzung sprechen, der die Inter-

59 »Deshalb präsentieren sich diese Kutenai-Mythen in der wahrscheinlich konfusesten und dunkelsten Form des gesamten nordamerikanischen Korpus – manchmal bis hin zur völligen Unverständlichkeit.« (Lévi-Strauss 1993, S. 172).

60 S. den Brief von Hinrich Rink an Boas, o.D. [Ende 1885] (Franz Boas Archiv, American Philosophical Society, Philadelphia).

61 Kroeber 1943, S. 14.

62 Berman 1991, S. 1.

linearübersetzung (falls vorhanden) untergeordnet wurde. Der mündliche Charakter der gesammelten Texte erforderte aus Boas' Sicht eine spezifische Behandlung, die im Fall dieser lebendigen Korpora ergänzend zum altphilologischen Editionsmodell mehrere Aspekte hervorkehrte, die Letzteres aufgrund mangelnder Quellen oft nicht berücksichtigen konnte: So legte Boas ein besonderes Augenmerk auf die klanglichen Dimensionen der gesammelten Werke.

Übersetzung und Zuhören: das phonetische Problem der »Tonblindheit«

Boas und die Entstehung der »vergleichenden Musikwissenschaft«

Boas' Interesse für die Gesänge der Einheimischen führte ihn dazu, in mehreren Publikationen seine Übersetzungen mit Notensätzen anzureichern. Dies verleiht seinen Arbeiten eine musikwissenschaftliche Dimension, deren Ausmaß derzeit wiederentdeckt wird.[63] Bereits auf seiner ersten Reise zum Cumberland Sound (1883-1884) transkribierte Boas Gesänge der einheimischen Inuit, die er später veröffentlichte.[64] Im Folgenden ein Beispiel einer 1887 veröffentlichten Transkription einer Melodie mitsamt Übersetzung:

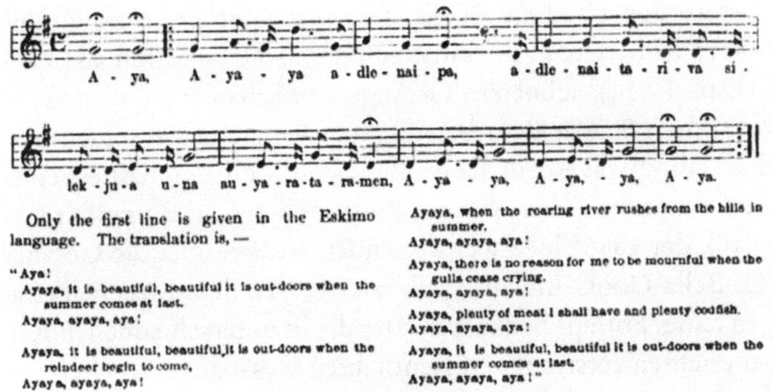

Only the first line is given in the Eskimo language. The translation is, —

"Aya!
Ayaya, it is beautiful, beautiful it is out-doors when the summer comes at last.
Ayaya, ayaya, aya!

Ayaya, it is beautiful, beautiful, it is out-doors when the reindeer begin to come,
Ayaya, ayaya, aya!

Ayaya, when the roaring river rushes from the hills in summer.
Ayaya, ayaya, aya!

Ayaya, there is no reason for me to be mournful when the gulls cease crying.
Ayaya, ayaya, aya!

Ayaya, plenty of meat I shall have and plenty codfish.
Ayaya, ayaya, aya!

Ayaya, it is beautiful, beautiful it is out-doors when the summer comes at last.
Ayaya, ayaya, aya!"

Abb. 4: F. Boas: Poetry and Music of Some North American Tribes, in: Science 22, 1887, S. 383.

63 Vgl. das im Rahmen des Bard Graduate Center von Judith Berman und Aaron Glass geleitete Projekt zur visuellen und musikalischen digitalen Umsetzung von Boas' Schrift *The Social Organization and the Secret Societies of the Kwakiutl Indians* (1897): »The Distributed Text: An Annotated Digital Edition of Franz Boas's Pioneering Ethnography«. (Siehe den Abstract in: https://www.bgc.bard.edu/research-forum/projects/4/the-distributed-text-an-annotated.)

64 Vgl. Ross 1984, S. 156.

Die Aufnahme von Notentexten in ethnografische Feldberichte war keineswegs eine Erfindung von Boas, sondern in Deutschland bereits ab Ende des 18. Jahrhunderts eine gängige Praxis, zum Beispiel in Georg Wilhelm Stellers Reisebericht *Beschreibung von dem Lande Kamtschatka*, 1774 veröffentlicht, den Boas in *Indianische Sagen* erwähnt.[65]

Boas kannte die in solchen Werken gängigen Konventionen der musikalischen Schrift und aktualisierte ein zuvor in Deutschland entwickeltes Modell, denn die allerersten Studien über Gesänge nordamerikanischer Indianer, die Notentexte enthielten, wurden in den 1880er Jahren von deutschen bzw. an deutschen Universitäten ausgebildeten Forschern veröffentlicht. Densmore zufolge, die in einem Aufsatz von 1927 die Geschichte dieses Forschungsbereichs nachzeichnete,[66] war der erste Autor, der indianische Gesänge nach der »gewöhnlichen musikalischen Notierung« [*ordinary musical notation*] aufzeichnete, Theodore Baker (1851-1934), ein amerikanischer Musikwissenschaftler, der am Leipziger Konservatorium seine Dissertation *Über die Musik der nordamerikanischen Wilden* (1882) vorbereitete. Er untersuchte u.a. die (von ihm als »cabbalistisch« bezeichneten) Gesänge von Schamanen oder »Zauberärzten«.[67] Was Boas betrifft, so arbeitete er seit seinen Berliner Jahren mit einem der größten Musikwissenschaftler seiner Zeit zusammen, dem Wiener Philosophen Carl Stumpf (1848-1936), der 1886 einen wegweisenden Artikel über die Gesänge der Bella-Coola-Indianer publizierte,[68] zu dem Boas beigetragen hatte. Stumpf bedauerte, dass die in unterschiedlichen Reiseberichten zerstreut veröffentlichten Gesänge »nur selten von fein und objektiv hörenden Ohren« nach eingehender Untersuchung und wiederholtem Hören unter – heute würde man sagen – »Studio«-Bedingungen aufgezeichnet wurden. Boas war einer der wenigen Wissenschaftler, dem Stumpf eine echte Kompetenz in musikalischer Notierung und eine eingehende

65 Boas 1895, S. 352.

66 Densmore 1927, S. 77-86. Im nachfolgenden historischen Abriss haben wir uns weitgehend auf diese reichhaltige Synthese gestützt.

67 Baker 1882 (die Schrift umfasst 43 Gesänge); Zitat S. 4f.

68 Stumpf 1886, S. 405.

Text.

Auf P. Merlin.

Mājŏră kōkăsŏl Thăālăgāch Kўrrlchŭaĕl kûkărăeth Thāmbŏsān

Wenn ich des Majors Koch wäre, wollte ich den kochenden Keſſel vom Feuer abnehmen.

Prăpărſchĭk kōkăsŏl Thăeĕlĭsĭk kўſchărŭlĭlĕl kŭkăraĕ h Thāmbŏsen

Wenn ich des Fähndrichs Koch wäre, wollte ich allezeit mit Handſchuhen den Keſſel abnehmen.

Auf Paulozky.

Paŭlŏzkă kaĕinzăeh Thăeĕlĕsik gўnkălŏgălſtŭgăl kўnĭnggysik

Wenn ich Paulozka ſeyn ſollte, wollte ich ein weißes Halstuch umbinden.

Paŭlŏzkă īwănnĕl Thăĕelĕsĭk tsătſchălŏtſchŭlkўl kўnĭnggўſik

Wäre ich Paulozka ſein Iwan, wollte ich rothe Strümpfe tragen.

Auf

Abb. 5: Notierung itelmenischer Gesänge durch Georg Wilhelm Steller, Beschreibung von dem Lande Kamtschatka, 1774, S. 334.

Kenntnis der Musik gewisser Indianerstämme zuerkannte.[69] Als 1885 eine Gruppe von neun Bella-Coola-Indianern von Adrian und Fillip Jacobsen (die für das Museum für Völkerkunde in Berlin bedeutende Expeditionen zur Sammlung indianischer Objekte durchgeführt hatten) nach Halle gebracht wurde, nutzte Stumpf die Gelegenheit, ihre Musik, die er zum ersten Mal hörte, genauer zu untersuchen. Bei ihrer Aufführung von Tänzen und Gesängen am 18. November 1885 im Hallenser Verein für Erdkunde war der Musikwissenschaftler zunächst vom »Heidenlärm« dieser »Teufelsmusik« verstört, bei der die pausenlose Trommelbegleitung die Gesänge fast unhörbar machte. Als verwirrend empfand er auch die frenetischen Tänze, bei denen »meist mit beiden Füßen zugleich aufgetreten« wurde, die ungeheuren Tiermasken und ungewohnten Intervalle, die »mit wachsender Leidenschaft der Acteurs immer unkenntlicher wurden«.[70] Er bat darum, mit einem der indianischen Tänzer und Musiker arbeiten zu dürfen, und ließ ihn vier Tage lang in zweistündigen Arbeitssessions singen. Der Indianer, Nuskilusta, akzeptierte »mit unerschöpflicher Gutmütigkeit«, die Gesänge zu wiederholen: Bis zu zehn Mal in Folge bat Stumpf ihn von Neuem zu beginnen. Zunächst hörte er sich die Gesänge nur an, ohne Notizen zu machen, um die Tonart zu bestimmen und eine »Vorstellung von dem melodischen und rhythmischen Bau« zu erhalten. Anschließend schrieb er die Noten nieder, ohne auf Betonung und Rhythmus achtzugeben, die in einem dritten Schritt hinzugefügt wurden. Am nächsten Tag kontrollierte er seine No-

69 Boas schickte Stumpf einige Jahre später, 1893 und 1897, Wachszylinder-Aufnahmen für das geplante Phonogramm Archiv Berlin, das 1900 von Stumpf zur Aufbewahrung außereuropäischer Musik und anderer Tondokumente gegründet und ab 1905 von Erich von Hornbostel geleitet wurde. Letzterer veröffentlichte zusammen mit Otto Abraham 1906 Boas zu Ehren den Aufsatz »Phonographirte Indianermelodien aus British Columbia« (s. Abraham/Hornbostel, 1906, S. 447-474). In *Die Anfänge der Musik*, einer 1911 von Stumpf veröffentlichten Vortragsreihe zu den Ursprüngen der Musik, begrüßte der glühende Verfechter der modernen Aufnahmetechniken die Vorreiterrolle von Boas' »präphonographischen« Transkriptionen. Zur Zusammenarbeit von Carl Stumpf und Franz Boas, vgl. Liebersohn 2018, S. 99f.

70 Stumpf 1886, S. 406.

tierung mit Hilfe Nuskilustas noch einmal. Bald war er in der Lage, alle Elemente der von der gesamten Gruppe im Chor gesungenen Musik herauszuhören. Als die Gruppe sich im Jahr darauf in Berlin aufhielt, fertigte Boas zwei weitere Transkriptionen an und übersandte sie an Stumpf, damit er sie in seine Studie integrieren konnte.[71] Mit der Feststellung, dass die Indianer von British Columbia gewöhnlich den Text ihrer Gesänge vorsprachen, bevor sie zu singen begannen, legte Stumpf die enge Beziehung zwischen Diktion und Gesang offen. Singen war bei den Stämmen dieser Region weit verbreitet, sowohl unter den Männern als auch unter den Frauen; beim gemeinschaftlichen Singen, das durch stundenlange Proben vorbereitet wurde, blieben die Frauen jedoch im Hintergrund. Die indianische Musik war fast ausschließlich »vocal«; auch machte Stumpf darauf aufmerksam, dass sich unter den unzähligen Objekten, die die Jakobsen-Brüder von den Bella Coola mitbrachten, kein einziges Musikinstrument befand.[72]

Bevor Boas in seiner Monografie *The Central Eskimo* (1888) Notentexte abdruckte, hatte bereits die amerikanische Ethnologin Alice Cunningham Fletcher, die über viele Jahre hinweg den Stamm der Omaha untersuchte, mit der Transkription von Gesängen begonnen. In ihrer wissenschaftlichen Laufbahn notierte Fletcher mehrere hundert davon und fertigte mit Hilfe eines Phonographen Aufnahmen an. Bereits 1884 veröffentlichte sie eine Studie, die auch Notentexte enthielt.[73] Von Anfang an betrachtete sie ihre Arbeit als gemeinschaftliches Unternehmen, bei dem sie (bis zu dessen Tod 1922) von einem Omaha-Indianer, Francis La Flesche, und dem Professor für Musikwissenschaft John Comfort Fillmore unterstützt wurde. Auch Frances Densmore, die ursprünglich Klavierlehrerin und Organistin war[74] und Kurse zur Musik Wagners gab,[75] bildete sich acht Jahre lang bei Alice Fletcher aus.[76] Boas wiederum

71 Ebd., S. 408.
72 Ebd., S. 410.
73 Fletcher 1884.
74 Vgl. Densmore (1926) 2017, S. 146.
75 Vgl. Densmore (1941) 1942, S. 528.
76 Vgl. den Brief von Frances Densmore an Boas vom 20. Februar 1935, in dem sie ihn um Unterstützung – u.a. finanzielle – bat, um ihre

nahm mit John Fillmore im Rahmen der Weltausstellung in Chicago (1893) 116 Wachswalzen mit Kwakiutl-Gesängen auf.[77] Einige Jahre später lud er Frances Densmore zur Teilnahme an der Jesup-Expedition ein. Er war somit aktiver Teil eines »ethnomusikologischen« Netzwerks (der Begriff entstand erst in den 1950er Jahren; um 1900 sprach man eher von »vergleichender Musikwissenschaft«), in dem Methoden, Techniken und theoretische Stellungnahmen aktiv zirkulierten. Der Konsens unter den zeitgenössischen amerikanischen Ethnologen ging dahin, dass bei der Untersuchung indianischer Riten der Musik ein entscheidender Platz eingeräumt wurde: In Monografien wie den *Navaho Legends* von Washington Matthews (1897) oder *The Hako* von Alice Fletcher (1904) wurden Melodien, Rhythmen, Begleitung, sogar Harmonien sorgfältig notiert.

Wie seine Kollegen benutzte auch Boas zur Aufnahme von Musikmaterial die neueste Technik der damaligen Zeit, insbesondere Phonographen und Wachswalzen. Bei seinem ersten Aufenthalt bei den Eskimos (1883-1884) stand ihm jedoch noch keines dieser Hilfsmittel zur Verfügung. Dies schrieb Boas 1941 noch kurz vor seinem Tod an Frances Densmore,[78] die um diese Information gebeten und in diesem Zusammenhang den Gedanken geäußert hatte, dass es »außergewöhnliche musikalische Fähigkeiten« erforderte, um »diese Melodien im Feld zu notieren«, und sich fragte, ob Boas womöglich Unterstützung durch einen Assistenten gehabt hätte.[79] Die Verwendung des Phonographen bot den Vorteil, die von den Musikern verlangten Wiederholungen in Grenzen zu halten. Die haargenau übereinstimmende Wiederholung ist, wie der Musikethnologe Simha Arom anhand seiner Feldforschung zu afri-

Forschungen weiterführen zu können (Franz Boas Papers, American Philosophical Society). Die in den Archiven der American Philosophical Society von Philadelphia aufbewahrte berufliche Korrespondenz Boas' enthält nur drei Briefe, die Boas und Densmore sich adressiert haben.

77 Jacknis 1996, S. 116.

78 Vgl. den Brief von Boas an Densmore vom 9. Oktober 1941 (Franz Boas Papers, American Philosophical Society).

79 Vgl. den Brief von Densmore an Ralph Linton vom 6. Oktober 1941 (Franz Boas Papers, American Philosophical Society).

kanischen polyphonen Gesängen bewiesen hat,[80] ohnehin alles andere als ein universelles Konzept, da die Aufforderung zur Wiederholung in manchen Fällen für den Forscher unerwartete Variationen herbeiführt. Boas hegte nicht dieselbe unerschütterliche Begeisterung für die neuen Techniken wie etwa seine Kollegen Carl Stumpf, Erich von Hornbostel und Otto Abraham, die im Phonographen auch ein günstiges Mittel zur exponentiellen Vervielfältigung von Tondokumenten sahen, die archiviert und im Nachhinein ausgewertet werden konnten und deren Erhebung von allen möglichen Reisenden, Missionaren und anderen Kolonialverwaltern ausgeführt werden konnte, sogar von solchen, die keinerlei musikalische Kenntnisse besaßen.[81] Er vertrat im Gegenteil die Ansicht, dass die neuen Aufnahmetechniken die Vorzüge des menschlichen Gehörs nicht ersetzen konnten. In einem Text von 1896 über die während seiner Feldforschung von 1894 an der Nordwestküste notierten Gesänge schrieb er, dass er zwischen seinen eigenen nach Gehör angefertigten Aufzeichnungen und denen, die Fillmore auf der Grundlage von Tonaufnahmen angefertigt hatte, keine wesentliche Abweichung fand: »Die Melodien der Gesänge wurden unabhängig voneinander von Herrn John C. Fillmore und mir selbst aufgezeichnet. [...] Herrn Fillmores Aufzeichnungen wurden mit phonographischen Walzen gemacht, meine eigenen direkt von den Gesängen der Indianer aus transkribiert. [...] Im Großen und Ganzen stimmen unsere Wiedergaben der Musik eng überein.«[82]

Hier sei angemerkt, dass der Phonograph von Anfang an nicht nur zur Aufzeichnung von Musik verwendet wurde, sondern von anderen Forschern – und insbesondere Boas' Schülern – auch für linguistische Tonaufnahmen. Boas hatte zum Beispiel seinen Studenten St Clair[83] dazu ermutigt, für seine Untersuchung des Komanche einen Phonographen zu verwenden und hatte gegenüber William H. Holmes, dem Leiter des Bureau of American Ethnology, die erhaltenen Resultate be-

80 Siehe insbes. Arom 1985.
81 Dieses Argument taucht leitmotivisch in vielen Texten auf. Siehe z.B. Hornbostel/Abraham 1904, S. 222-233.
82 Boas 1896a, S. 1.
83 Der genaue Vorname ist uns leider nicht bekannt.

grüßt: »Auf meine Empfehlung hin, hat Herr St Clair zur Erhebung des Komanche die Benutzung des Phonographen zu linguistischen Zwecken experimentiert. Es hat sich herausgestellt, dass sich mit Hilfe des Phonographen gute Texte sammeln lassen, wenn man alte Stammesmitglieder bittet, in den Phonographen hineinzudiktieren und jüngere dann das aufgezeichnete Diktat wiederholen lässt.«[84] So konnte der Phonograph in einem gewissen Maß das Hören erleichtern, doch das Ziel blieb trotz allem die Transkription der Tonaufnahmen, d.h. die Verschriftlichung. Diese Praxis ist daher von anderen Projekten zur Aufbewahrung gesprochener Sprache zu unterschieden, die an der Schwelle zum 20. Jahrhundert entstanden sind, z.B. dem 1911 von Ferdinand Brunot begründeten Tonarchiv »Les Archives de la Parole«, einer Sammlung von Phonogrammen französischer Dialekte (*patois*), deren Ziel nicht die Verschriftlichung, sondern die Aufbewahrung als getreue Aufzeichnungen gesprochener Sprache war.[85] Boas bewahrte also stets eine gewisse Skepsis gegenüber der Anwendung der Aufnahmetechnik auf die gesprochene Sprache und benutzte für seine sprachwissenschaftlichen Arbeiten keine Tondokumente. Auf dem Gebiet der Gesänge verzichtete er jedoch nicht auf den Mehrwert der Tonaufzeichnungen. Zwischen 1893 und 1895 nahm er etwa 150 Walzen mit Musik der Kwakiutl und der Thompson auf und stattete auch die Teilnehmer der Jesup-Expedition mit der entsprechenden Technik aus. So konnten z.B. Waldemar Bogoras und Waldemar Jochelson zwischen 1900 und 1902 über 95 Walzen mit ostsibirischen Gesängen aufnehmen oder George Comer 40 Walzenaufzeichnungen von Gesängen aus der Hudson Bay anfertigen.[86] Noch mit 72 Jahren kehrte Boas 1930 nach Fort Rupert zurück, um erneut Kwakwak'wakw-Gesänge aufzuzeichnen.[87]

Die musikwissenschaftliche Dimension von Boas' Feldarbeit lässt sich keineswegs auf eine Laienpraxis oder eine Art Musikliebhaberei reduzieren. Wenn die Untersuchung des Musik-

84 Boas zit. in Stocking 1974, S. 460.

85 Cordereix 2001, S. 39-54.

86 Ross 1984, S. 160.

87 Ergebnis seiner Arbeit war eine neue Sammlung von 156 Wachswalzen. Vgl. Hatoum (1938) 2013.

Abb. 6: Frances Densmore bei der Aufnahme eines indianischen Gesangs mit Hilfe eines Phonographen, 1916, Library of Congress.

materials in seinen Augen ausschlaggebend war, dann nicht ausschließlich und noch nicht einmal primär aus musikwissenschaftlichen, sondern aus sprachlichen Gründen. Boas interessierten die Beziehungen zwischen den gesungenen Melodien und den Intonationen der gesprochenen Sprache, genauer: Seine Untersuchung betraf ausschließlich die Musik von Gesängen und die Artikulation zwischen Text und Musik. Zwar hatte Theodor Baker vor Boas bereits festgestellt, dass es sich bei der Musik der Indianer Nordamerikas nie um eine reine Instrumentalmusik handelte, sondern dass sie immer im Zusammenhang mit einem gesungenen Text komponiert wurde,[88] doch Boas versuchte vor allem, in diesen Gesängen zu unterscheiden, was aus der Komposition und was eher aus der in-

88 Vgl. Baker 1882, S. 18.

härenten »Melodie« der Wörter und ihrer Intonationen herrührte. Er wollte in erster Linie die Sprache und ihre Modulationen heraushören, nicht so sehr die Melodien; die Untersuchung der Gesänge schien am Ende also auf eine bessere Kenntnis der Phonetik der indianischen Sprachen abzuzielen. Dies würde erklären, warum Boas so früh – bereits bei seinem ersten Aufenthalt bei den Eskimos 1883-1884 – mit der Erhebung von Gesängen begann, obwohl diese gesungenen Texte Hinrich Rink zufolge aufgrund der vielen »poetischen Ausdrücke« und der für grönländische Gesänge typischen »Abkürzungen« besondere Verständnisschwierigkeiten aufwiesen.[89] Boas wies Rink eindringlich auf die Wichtigkeit »des Rhythmus und der Melodie« hin, ein »Gebiet«, das Letzterer auf den ersten Blick als weit »entfernt« von seinen eigenen Beschäftigungen betrachtete. Rink akzeptierte die Idee, seine Ehefrau, die ebenfalls des Grönländischen mächtig war, in die Arbeit einzubeziehen, damit sie ihn bei dem Musikmaterial unterstützen konnte,[90] obwohl er dieser methodologischen Neuerung von Boas mit einiger Skepsis gegenüberstand. Ein Vergleich der Notierungen von Theodor Baker mit denen, die Boas im Anschluss an seinen Aufenthalt bei den Inuit veröffentlichte, bestätigt klar und deutlich die unterschiedliche Ausrichtung von Bakers musikwissenschaftlichem Projekt und Boas' sprachwissenschaftlich orientiertem Ansatz. Während Boas, wie wir gesehen haben, verschiedene Versionen ein und desselben Texts präsentierte (Originalsprache, Interlinearübersetzung und ggf. freiere Übersetzung), begnügte Baker sich damit, die Silben eines Gesangs aufzuschreiben, ohne systematisch eine Übersetzung zu liefern. Manchmal resümierte oder paraphrasierte er einen Gesang und wies in vielen Fällen darauf hin, dass der Liedtext seiner Ansicht nach keinen Sinn ergab bzw. zum Schutz esoterischer Inhalte mit Absicht unverständlich gehalten wurde. Er betrachtete Liedtexte lediglich als musikalische Silben und achtete nicht auf ihre Bedeutung, während Boas genau diese zu erhellen versuchte.

89 Siehe den Brief von Hinrich Rink an Boas vom 1. Dezember 1884 (Franz Boas Papers, American Philosophical Society).

90 Siehe den Brief von Rink an Boas vom 22. Oktober 1885 (Franz Boas Papers, American Philosophical Society).

1928 beschrieb Boas in folgenden Worten die Qualitäten, die er von einem Forscher erwartete, den er zum Stamm der Tlingit-Indianer entsenden wollte: »Die ausgewählte Person sollte eine ausgezeichnete Sprachausbildung besitzen und in der Lage sein, Texte angemessen zu transkribieren. Es ist zwingend notwendig, dass sie mit den musikalischen Tonarten vertraut ist, da diese ein ausgesprochen wichtiges Element in der Sprache der Tlingit sind.«[91] Der Forscher brauchte musikalische Kenntnisse, um das erhobene Sprachmaterial korrekt aufschreiben zu können: eine unabdingbare Voraussetzung für die Anfertigung einer Transkription und später einer Übersetzung. Der Forscher musste die musikalischen Modulationen eines erhobenen Texts – d.h. Veränderungen in Klang, Melodie und Rhythmus – in der Niederschrift möglichst erhalten, sie zumindest sehr deutlich empfinden können. Für Boas konnte diese Voraussetzung natürlich nur erfüllt werden, wenn sich der Forscher sprachliche Fähigkeiten im Feld aneignete – genau dazu riet er, wenn er von seinen Studenten forderte, die am Ort ihrer Forschung gesprochene(n) Sprache(n) zu erlernen. Er ging aber noch weiter: Er hinterfragte die Bedingungen der Möglichkeit eines rechten »Hörens« der untersuchten Sprachen, des Heraushörens ihrer spezifischen Tonalität und Musikalität, und befand, dass dies ohne vorausgehende musikalische Grundausbildung nur schwer zugänglich sei. Er nahm dabei durchaus zur Kenntnis, dass eine Sprachausbildung auch scheitern konnte, selbst dann, wenn der Forscher alle in seinem Vortrag von 1905 geforderte Ernsthaftigkeit und »philologische Gründlichkeit« bewies. Die Gründe für ein solches Scheitern konnten von der Psychologie bzw. der Wissenschaft der Wahrnehmung (Psychophysik) analysiert werden. Dieser Forschungsbereich interessierte auch Boas seit Ende seiner Studienzeit in Kiel und seiner Dissertation über die »Erkenntnis der Farbe des Wassers« (1881).

91 Boas, Brief vom 24. November 1928 an Waldemar Bogoras (Archiv des Völkerkundemuseums Sankt Petersburg, Signatur RAN 250/4/35: 49-50), zit. in Kan 2006, S. 52.

Das Phänomen der Tonblindheit

In seiner Reflexion über die Bedingungen der Möglichkeit des Sprachenlernens beleuchtete Boas ein Phänomen, das er relativ früh als »Tonblindheit« (*sound blindness*) beschrieb – ein Ausdruck, der zwar nicht von ihm stammte, den er aber 1889 in seinem wegweisenden Artikel »On alternating sounds« zu seinem eigenen machte.[92] Das so qualifizierte Hördefizit hatte nichts mit Taubheit zu tun, denn das »tonblinde« Subjekt nahm die Emission von Tönen durchaus wahr. Der Begriff beschrieb vielmehr »das Unvermögen, bei Tönen, die für das Ohr normalerweise leicht zu differenzieren sind, Unterschiede in Tonart und Klangfarbe wahrzunehmen«.[93] Zu vergleichen war dies eher mit dem Phänomen der Farbenblindheit, bei der analog die Wahrnehmung bestimmter Farben unmöglich ist, nicht jedoch das Sehen der Formen. »Tonblindheit« war auch nicht zu verwechseln mit einer – vorübergehenden – auditiven Verwirrung, ausgelöst durch die Unerfahrenheit eines Hörers, der zum Beispiel auf ein mehrsilbiges Wort in einer ihm nicht vertrauten Sprache trifft. Es handelte sich vielmehr um ein permanentes Wahrnehmungsproblem, das selbst dann fortbesteht, wenn der Hörer Fortschritte beim Erlernen der ihm ursprünglich »fremden« Sprache macht. Für Boas handelte es sich um eine Verzerrung der Wahrnehmung, die wortwörtlich zum »Missverständnis« zwischen Sprecher und Hörer führte, da »die Töne vom Hörer nicht so wahrgenommen [werden], wie der Sprecher sie ausgesprochen hat.«[94] Die wohlbekannte Schwierigkeit, bestimmte Laute einer nicht von Kindheit an erlernten Sprache auszusprechen, weil unsere »Tonerzeugungsorgane« nicht rechtzeitig, d.h. als sie noch formbar waren, »in die zur Erzeugung der jeweiligen Töne notwendigen

92 Der Begriff taucht erstmals 1887 in einem anonymen Artikel auf (›Sound-Blindness‹, Boas 1887d, S. 244-245), wo auf eine frühere Verwendung im *Journal of Education* verwiesen wird. Die Relevanz des Begriffs überhaupt wird von einem Arzt, Joseph LeConte, infrage gestellt (vgl. LeConte 1887). In seinem Text erwähnt Boas die Arbeiten von Sarah Wiltse, insbes. ›Experimental (Psychological Literature)‹, in: *American Journal of Psychology* 1(4), 1888, S. 702-705.

93 Boas 1889a, S. 47-53, Zitat S. 47.

94 Ebd., S. 48.

Positionen gebracht«[95] wurden, verband sich mit einem anderen, für Boas in gewisser Weise schwerwiegenderem Problem, das die Grundlagen der Kommunikation selbst bedrohte: die Unfähigkeit, unterschiedliche Töne als solche »herauszuhören« und stattdessen entweder verschiedene Töne als gleichklingend wahrzunehmen oder, im Gegenteil, Töne als verschieden zu hören, obwohl sie identisch sind. Boas nahm somit die ab den 1910er Jahren von der »Gestaltpsychologie« gestellten Fragen (die sowohl die visuelle als auch die auditive Wahrnehmung betrafen) vorweg und fragte sich, unter welchen Bedingungen in Abhängigkeit von zeitlichen, räumlichen, physiologischen und psychologischen Variablen zwei Empfindungen als gleichartig oder ähnlich wahrgenommen werden konnten. Er verwies auf eine »früher« durchgeführte »Reihe von Experimenten«,[96] anhand derer er beweisen konnte, dass das Erkennen einer »Unterschiedsschwelle« von der Übung abhing: je geübter das Subjekt und je stärker dessen Aufmerksamkeit, desto niedriger die Schwelle. Doch die Fähigkeit, zwischen zwei Wahrnehmungen zu unterscheiden, hing noch von weiteren Faktoren ab: Selbst für ein ausgesprochen gut geübtes Subjekt stellte die Tatsache eine Grenze dar, dass »eine neue Empfindung immer mittels ähnlicher Empfindungen wahrgenommen[97] wird, die

95 Ebd.

96 Ebd., S. 49. Boas verwies hier auf die Experimente, die er auf Anraten seines Kieler Professors Benno Erdmann (1851-1921) während seines Wehrdienstes (1881-1882) durchgeführt hatte: Ueber eine neue Form des Gesetzes der Unterschiedsschwelle (Boas 1881); Ueber den Unterschiedsschwellenwerth als ein Maass der Intensität psychischer Vorgänge (Boas 1882a); Ueber die verschiedenen Formen des Unterschiedsschwellenwerthes (Boas 1882b); Ueber die Berechnung der Unterschiedsschwellenwerthe nach der Methode der richtigen und falschen Fälle (Boas 1882c), Die Bestimmung der Unterschiedsempfindlichkeit nach der Methode der übermerklichen Unterschiede (Boas 1882d).

97 Boas verwendet hier den Ausdruck *apperceived (»a new sensation is apperceived by means of similar sensations that form part of our experience«).* In einem Aufsatz zu Boas' phonetischen Konzeptionen behauptet Michael Mackert, dass Boas sich hier von Helmholtz' Theorien abgrenzt, der das Ohr als passive Aufnahmekammer aller klanglichen Vibrationen beschrieb, das nicht in der Lage sei, die eingehenden Töne in Bezug auf bekannte Töne zu »selektionieren«. Mit der Betonung des Vorgangs der Selektion näherte sich Boas laut

Bestandteil unseres Erfahrungsschatzes sind«.[98] Zwar fand die Empfindung statt, doch wurde sie, indem sie auf etwas bereits Bekanntes bezogen wurde, einer falschen Klassifizierung unterzogen: Im Fall der Wahrnehmung von Sprache verglich der mit jeder Empfindung einhergehende Klassifizierungsautomatismus die phonetischen Merkmale einer fremdsprachlichen Äußerung mit den Merkmalen einer bestimmten Kategorie von Lauten in der Sprache des Hörers. »Eine derartige unbeabsichtigte Assimilation kann die Wahrnehmung von Lauten beeinflussen«,[99] notierte Boas, als er beobachtete, dass dieser Hörfehler sich meist verband mit der – ebenfalls unbeabsichtigten – Zuschreibung einer Bedeutung für das gehörte Wort aufgrund des Phänomens der Annäherung mit anderen Wörtern, die den fälschlicherweise identifizierten Laut enthalten. In der Einleitung des *Handbook of American Indian Languages* erklärte Boas später, dass »der einzelne *Laut* als solcher keine unabhängige Existenz hat, dass er dem Sprechenden niemals ins Bewusstsein dringt, sondern allein als Teil eines Lautkomplexes existiert, der eine bestimmte Bedeutung übermittelt«.[100]

Als Carl Stumpf seinerseits fünfzehn Jahre später die Ergebnisse seiner experimentalpsychologischen Beobachtungen zur Sprache darlegte, fügte er hinzu, dass ein Hörer angesichts der Verunsicherung, die das Hören von ungewohnten Phonemen in ihm auslöst, noch stärker dazu neigt, sie qua Assoziation mit bekannten Begriffen in Verbindung zu bringen, anstatt sich auf seinen »Höreindruck« zu konzentrieren. Und dass er – Carl Stumpf – es genau aus diesem Grund vorzog, seine Experimente mit Subjekten durchzuführen, die über seine Absichten aufgeklärt waren, und sogar darüber, wie er selbst dieses oder jenes Phonem hörte und deutete, anstatt mit unvorbereiteten und vom Klang unerwarteter Wörter überraschten.[101]

Mackert der von Herbart entwickelten Strömung an, derzufolge es sich bei der Wahrnehmung um einen interaktiven Prozess zwischen zwei mentalen Repräsentationen handelt. Vgl. Mackert 1994, S. 351-384.

98 Boas 1889a, S. 50.

99 Ebd., S. 51.

100 Ders. 1911b, S. 23.

101 »Der Anfänger hält sich zunächst oft an die aus dem Leben übernommene Gewöhnung, den vom Sprechenden oder Singenden in-

Ein Extremfall solcher fälschlichen Annäherungen ist der Fall Émile Petitots, der sicher nicht nur dem »arktischen Wahnsinn«[102] geschuldet war, dem der französische Missionar zum Opfer fiel. Petitot glaubte, in den verschiedenen Déné-Dindjié-Dialekten (der Sprache der Déné-Indianer) eine nachweisliche Verwandtschaft mit dem Hebräischen und in deren Mythologie »Relikte aus der Bibel« zu erkennen.[103] Entscheidend waren letztendlich nicht so sehr die durch die mangelnde Vertrautheit mit der Sprache oder, wie in Petitots Fall, durch den »zügellosen Analogismus« dieses ausgezeichneten Kenners indianischer Dialekte[104] verursachten Verwirrungen, entscheidend war, dass sich das Problem der »Tonblindheit« gerade bei den erfahrensten und kenntnisreichsten Hörern zuspitzte. Der Musikwissenschaftler Erich von Hornbostel behauptete sogar 1905 in Bezug auf die Schwierigkeiten, die das Hören von außereuropäischer Musik aufwarf, dass eine musikalische Ausbildung beim Forscher das Risiko von Hörfehlern – in diesem Fall die »harmonische« Wahrnehmung einer Musik, die nicht zwingend den Harmoniegesetzen moderner europäischer Musik gehorcht – nicht verringere, sondern im Gegenteil verschärfe:

> »Sobald wir eine Melodie hören, denken wir uns unwillkürlich eine Harmonisierung hinzu; sobald ein Intervall erklingt, fassen wir es als eines unserer gewohnten Intervalle auf. Es ist ganz falsch, zu glauben, daß musikalisch Begabte und Geübte von diesem Fehler frei sind: im Gegenteil, gerade der Musikalische bringt eine besonders reiche und durch die Übung besonders gefestigte Menge gewohnter Vorstellungen an die fremden Eindrücke heran.«[105]

tendierten Laut zu erkennen und zu erraten. Man klammert sich dann an allerlei sekundäre Kriterien, und dies umso mehr, je stärker der Gehörseindruck von den gewohnten abweicht; während es doch gerade dieser Gehörseindruck als solcher ist, auf den alles ankommt. Es war dies einer der Gründe, weshalb ich das anfängliche unwissentliche Querschnittverfahren später meistens durch ein wissentliches Längsschnittverfahren ersetzte.« (Stumpf 1926, S. 51).

102 Déléage 2017.
103 Ebd., S. 44.
104 Ebd., S. 45.
105 Hornbostel 1986, S. 50.

Auch Frances Densmore war der Auffassung, dass eine zu ausgiebige Ausbildung in europäischer Musik »romantischen Typs« letztendlich ein Handicap darstellt. Ihres Erachtens war ihr berühmter Kollege John C. Fillmore nicht in der Lage, zwischen »den Gesängen, wie sie tatsächlich von den Indianern gesungen wurden, und denselben, nach seinen eigenen Vorstellungen mit Befürwortung oder Unterstützung durch die Indianer harmonisierten Melodien«[106] zu unterscheiden.

Boas schrieb in seinem Beitrag »On alternating sounds«, dass die Feldnotizen von Linguisten, die die indianischen Sprachen untersuchten, einen solchen Befund bestätigten: Wenn erfahrene Forscher sich mit einer unbekannten Sprache konfrontiert sahen und versuchten, das Gehörte etwa mittels der Hinzufügung von »diakritischen Zeichen« oder der Hinzuziehung von »Spezialalphabeten« zu transkribieren, konnte man »die Nationalität des Forschers – selbst des gut ausgebildeten –«[107] erahnen. Er untermauerte diese Behauptung mit Beispielen aus seinen eigenen Feldnotizbüchern, wo er ein und denselben Ausdruck unterschiedlich transkribiert hatte: Solche Fehler schienen ihm sehr aufschlussreich und er zog aus diesen Untersuchungen einen entscheidenden Schluss: Die »Alternation der Laute«, in der man einen Ausdruck der Primitivität der indianischen Sprachen (gegenüber phonetisch »stabileren« Sprachen) zu sehen glaubte, war in Wirklichkeit bloß eine »Alternation der Wahrnehmung«, die dem Hörer und den Grenzen seiner Auffassungsfähigkeit zuzuschreiben war. Abschließend stellte er die Wechselseitigkeit dieses Phänomens fest: dass nämlich die Laute des Englischen oder des Deutschen von einem Tlingit-Indianer auch als alternierend wahrgenommen wurden. Diese Ausführung zielte, ohne ihn jemals namentlich zu erwähnen, auf John W. Powell, den Leiter des Bureau of American Ethnology, der in den indianischen Sprachen »synthetische« Laute zu erkennen geglaubt hatte. Entgegengesetzt zu Boas' Vorgehens-

106 Densmore 1927, S. 83.

107 Boas 1889a S. 51. Dieselbe Idee wird später in der Einleitung des *Handbook of American Indian Languages* erneut zum Ausdruck gebracht: »Es ist oft nicht schwer, anhand des Systems, das ein Forscher heranzieht, um die Laute zu transkribieren, seine Nationalität zu erkennen.« (Boas 1911b, S. 18).

weise hatte er in seiner *Introduction to the Study of Indian Languages* (1877) das Prinzip des Vergleichs der Laute einer untersuchten Sprache mit denen des Englischen – einer »zivilisierten« Sprache *par excellence* – zur Methode erhoben. In seiner Einleitung widmete er den »synthetischen«, aufgrund ihres »unbestimmten«[108] Charakters nur schwer zu transkribierenden Lauten einen ganzen Abschnitt und führte darin ein Beispiel aus Washington Matthews Arbeiten an: »In der Sprache der Hidatsa gibt es einen Laut, der so beschaffen ist, dass der englischsprachige Forscher nicht entscheiden kann, welchem durch b, w oder m dargestellten Laut er am nächsten ist; und es gibt einen anderen, den der Forscher nicht vom l, n, r oder d zu unterscheiden vermag; diese Art von Lauten sind nicht so differenziert wie im Englischen.«[109] Diese Schwankungen, die Powell als typisch für die indianischen Sprachen ansah, wurden gänzlich dem Sprecher zur Last gelegt, dessen Artikulationsbewegungen bald den Bewegungen für das Aussprechen dieses Lautes, bald denen für jenen Laut entsprachen. Boas hingegen führte diesen Eindruck auf ein den Hörer betreffendes psychologisches Phänomen zurück. Er betonte jedoch auch, dass, egal welche Sprache man betrachten mag, die Laute niemals absolut gleichförmig sind und je nach Sprecher oder der Stellung eines Lautes innerhalb einer Silbe nie auf vollkommen identische Art und Weise ausgesprochen werden. Er schlug folglich vor, Laute als »Durchschnitte« zu denken und die verschiedenen (begrenzten) Varianten ein und desselben Lautes als dem Zufall geschuldet oder durch Nachbarlaute beeinflusst.[110] Was nicht darauf hinausläuft, Powells Hypothese einer Instabilität der phonetischen Erzeugungen der Indianer zu belegen, sondern in allen Sprachen, selbst den sogenannten zivilisierten und stabilen Sprachen, eine Form von Variation zu erkennen. So kehrte Boas Powells Standpunkt doppelt um, indem er zunächst die Alternanz seitens der Wahrnehmung lokalisierte und anschließend das Prinzip der Variabilität auf alle Sprachen ausweitete. Das (feststehende und endgültige) Lautrepertoire der Sprache der

108 Powell 1880, S. 12f.
109 Ebd.
110 Boas 1889a, S. 48.

Anthropologen (sprich: des Englischen) konnte keine absoluten Kategorien zur Differenzierung und Klassifizierung indianischer Laute mehr liefern.

Die Konsequenzen dieser Beobachtung waren von großer Tragweite, wie Chloé Laplantine feststellt und hervorhebt, dass Boas' *Handbook of American Indian Languages* zum Ziel hatte, »eine Projektion europäischer Kategorien auf fremde Sprachen weitestgehend zu vermeiden«.[111] Sie erinnert an Edward Sapirs Warnung vor »unschuldigen linguistischen Kategorien«, die »die furchtbare Gestalt eines kosmischen Absoluten annehmen« können.[112] Um dieser kognitiven Falle zu entgehen, weigerte sich Boas zum Beispiel, den »für lateinische Grammatiken typischen«[113] Aufbau zu befolgen, und löste damit eine neue »Einsicht« über die Rolle des »Standpunkts des Beobachters« und dessen »ethnozentristische« Verzerrungen aus.[114] Boas, schreibt Laplantine weiter, hat das Prinzip aufgestellt, dass die indianischen Sprachen ein »phonetisches System« besitzen, das »eine klar umrissene und begrenzte Gruppe von Lauten« organisiert. Zwischen dieser Vorstellung und dem System-Begriff, den Ferdinand de Saussure zur selben Zeit entwickelte, kann eine Parallele gezogen werden.[115] Die Ersetzung der in den europäischen Grammatiken üblichen Begriffe »Wort« oder »Wortstamm« durch den Begriff »Laut« war eine wesentliche Neuerung, die »der linguistischen Materie einen ungewöhnlichen Platz einräumte [...], als hätte das Subjekt vor allem einen körperlichen, materiellen Bezug zur Sprache«.[116] Das Problem des Hörens identischer Laute einer Sprache verschärfte die Fragestellungen des Forschers zu anderen Phänomenen von Ähnlichkeit, Gleichheit und Verschiedenheit, insbesondere der phonetischen Nähe von Wörtern aus unterschiedlichen Sprachen, die eine Verwandtschaft (ein- und desselben Ursprung) zweier Sprachen enthüllen konnte oder eine Entlehnung (bei sehr verschiedenen Sprachen) – oder aber

111 Laplantine: Préface, in: Boas 2018, S. 43-55.
112 Ebd., S. 29 (das Zitat stammt aus Sapir (1924) 1949, S. 157).
113 Ebd., S. 15.
114 Ebd., S. 23.
115 Ebd., S. 25.
116 Ebd., S. 27.

eine fehlerhafte Wahrnehmung. Boas war nicht nur, wie oft betont wird, ein Verfechter des kulturellen »Diffusionismus«; er dachte auch fortwährend über die Phänomene »zufälliger Ähnlichkeit« oder des »Anscheins von Ähnlichkeit«[117] nach, die, wenn die Mittel fehlen, um einen Unterschied auszumachen, an eine Identität (oder ggf. an eine Diffusion) glauben machen.

In der Einleitung des *Handbook of American Indian Languages* führte Boas die Grenzen des phonetischen Erlernens einer fremden Sprache auf ein Postulat sprachlicher und physiologischer Begrenztheit zurück, auch wenn auf der Skala aller Sprachen »die Anzahl der Kombinationen phonetischer Elemente«[118] *a priori* »unendlich« sei:

> »Eine der wichtigsten Tatsachen in Hinsicht auf die Phonetik menschlicher Sprache ist, dass jede einzelne Sprache eine *klar definierte und begrenzte Gruppe von Lauten* besitzt. [...] Wäre die Anzahl der Laute, die in einer beliebigen Sprache verwendet werden, unbegrenzt, dann würden höchstwahrscheinlich die Bewegungen des komplizierten Mechanismus der Tonerzeugung mit geringerer Präzision ausgeführt werden, was sich negativ auf die Geschwindigkeit und Genauigkeit der Aussprache auswirken würde. Es wäre somit schwierig, wenn nicht gar unmöglich, die gehörten Laute richtig zu interpretieren. Bei einer begrenzten Anzahl von Lauten hingegen werden die zur Erzeugung eines jeden einzelnen Lautes nötigen Bewegungen automatisch, wird die Verbindung zwischen dem gehörten Laut und den Muskelbewegungen, zwischen dem akustischen Eindruck und dem Zusammenspiel von Muskeln und Bewegungen festgeschrieben. Es scheint daher, als seien für eine einfache Kommunikation begrenzte phonetische Mittel notwendig.«[119]

Als Carl Stumpf fünfzehn Jahre später die akustische Spezifizität der Sprachlaute erforschte, ging er noch weiter als Boas und schrieb, dass bereits die »richtungsweisende Einstellung« des

117 Boas 1911b, S. 47.
118 Ebd., S. 24.
119 Ebd., S. 16.

Hörers, seine Erwartung, Aussagen in einer bestimmten Sprache wie Deutsch, Französisch oder Italienisch zu hören, von vornherein »eine große Zahl von Möglichkeiten der Auffassung des Gehörten aus[schloss]«.[120] Dieses in Boas' Fall auf einer Analyse erlernter Muskelbewegungen basierende Argument der phonetischen Begrenztheit kann mit den Argumenten, die er der vermeintlichen Überlegenheit der Tonaufnahmen mit Hilfe von Phonographen entgegenstellte, in Beziehung gebracht werden. Er betonte die größere Zuverlässigkeit des menschlichen Gehörs (seines eigenen wohlgemerkt), das zum Beispiel in der Lage war, Silben zu hören, die zu »schwach« waren, um vom Phonographen eingefangen zu werden.[121] Und vor allem die körperliche Dimension der Laute, die für Boas' phonetisches Sprachverständnis so grundlegend war, entging der damaligen Aufzeichnungstechnik: Der Phonograph konnte nur die »physischen Merkmale des gesprochenen Lauts« wiedergeben, nicht aber die nur durch Beobachtung zugängliche »physiologische Methode der Lauterzeugung«.[122] Der Phonograph mit seiner potenziell unbegrenzten Anzahl von Aufzeichnungsmöglichkeiten konnte das – qualitative – Problem der Tonblindheit nicht lösen, selbst wenn, wie Erich von Hornbostel anführte, die Möglichkeit, eine Aufnahme so oft wie nötig anzuhören und andere Forscher in das Hören einbeziehen zu können, demjenigen ideale Bedingungen bieten konnte, der seine ersten Wahrnehmungsfehler korrigieren und beginnen wollte, das herauszuhören, »was kein Mensch bei der erstmaligen Aufführung notieren kann«.[123] Carl Stumpf zufolge bot diese Technik die Möglichkeit der Analyse in »Segmenten«, die man »beliebig« unterteilen und durch deren Wiederholung man »Details vertiefen« konnte, was im Fall einer direkten Aufführung unmöglich war.[124]

Einige Linguisten in Boas' Umkreis versuchten sich in Experimentalphonologie, dank der die an der Tonerzeugung be-

120 Stumpf 1926, S. 50.

121 Boas 1896a, p. 1.

122 Brief von Boas an W.H.Holmes, 3. November 1906, zit. in: Jacknis 1996, S. 204.

123 Vgl. Hornbostel (1910) 1986, S. 87.

124 Stumpf 1911, S. 64.

teiligten Prozesse gemessen werden konnten. Ziel war es dabei, die Schwierigkeit, bestimmte Töne zu »hören«, durch die Möglichkeit zu kompensieren, all die unscheinbaren Bewegungen sichtbar zu machen, die Sprecher unbewusst und ohne sie notwendigerweise in Worte fassen zu können, ausüben. Die psychologische Frage der Wahrnehmung sollte hier eine physiologische Antwort erhalten. Der Linguist und Anthropologe Pliny E. Goddard zum Beispiel, den Boas bat, für sein *Handbook of American Indian Languages* den Teil zu den athapaskanischen Sprachen auszuarbeiten, setzte große Hoffnungen in die experimentelle Untersuchung der artikulatorischen Merkmale von gesprochener Sprache und Gesang. In einem Artikel von 1905 beschrieb er eine Reihe von Versuchsanordnungen, anhand derer die Bewegungen von Lippen, Zunge, Gaumen und die Erzeugung von Konsonanten und Vokalen visualisiert werden konnten.[125] Dank dieser Techniken sollte eine präzise Kenntnis verschiedener Akzente und eine extrem feine Unterscheidung von Lauten ermöglicht werden: »Für das praktische Anliegen, sich verständlich zu machen, ist der Akzent nicht entscheidend, doch für die wissenschaftliche Untersuchung einer Sprache ist eine unvollkommene Aussprache alles andere als zufriedenstellend.«[126] Goddard zufolge resultierte die Schwierigkeit, die richtige Aussprache zu erlangen, aus der »Unfähigkeit, die abgegebenen Laute korrekt zu hören«.[127] Genau dafür, um die in der Lauterzeugung implizierten physischen Abläufe zu beschreiben und die phonatorischen Vorgänge grafisch darzustellen, kamen die technischen Instrumente zur Anwendung: Selbst wenn man nicht in der Lage war, die Laute zu hören, konnte man auf diese Weise sehen, wie sie erzeugt wurden und sie durch Nachahmung der Bewegungen zu reproduzieren versuchen. Dank dieser Techniken konnte er auch die große Variabilität bei der Erzeugung ein und desselben Lautes belegen, die Boas seinerseits bereits in seiner Untersuchung zu den alternierenden Lauten angesprochen hatte. Mit Hilfe von Fotografien des Abdrucks der Zunge,

125 Goddard 1905, S. 613-619.
126 Ebd., S. 613.
127 Ebd.

wenn sie den Gaumen berührt,[128] bewies Goddard zum Beispiel, dass ein Hupa-Indianer, der gut Englisch sprach, seine Zunge zum Erzeugen des [d]-Lautes in seiner Muttersprache Hupa weiter vorn positionierte als zur Erzeugung des englischen [d]. Während der Phonograph einzig und allein die »rein physischen Effekte von Sprache, die Laute selbst« auffing, erlaubten die grafischen Methoden Goddard zufolge die Untersuchung der physiologischen Prinzipien der Lauterzeugung. Darüber hinaus lieferten sie ein Forschungsmaterial, das beständiger war als die leicht zu beschädigenden Wachszylinder des Phonographen. Und schließlich orientierten sie die systematische Untersuchung der Sprachen in Richtung der Analyse der unterschiedlichen Varianten ein und desselben Lautes – später »Allophone« genannt: »Die Art, wie ein Laut erzeugt wird, ist für die Untersuchung der Sprache relevanter als der Laut an sich.«[129] Die Frage, auf welcher Ebene sich die linguistische Analyse ansiedelt – der des gesprochenen und gehörten Lauts (Phonologie) oder der des objektiv erzeugten Lauts (Phonetik) –, spielte auf diese Weise eine entscheidende Rolle in den Debatten um die Transkription nicht geschriebener Sprachen und die Modalitäten ihrer »Übersetzung« in eine erste schriftliche Form.

Die indianischen Sprachen und ihre Niederschrift: Transkriptionen und Alphabete

Pliny Goddard eröffnete seine Darstellung experimenteller Sprachuntersuchungsmethoden mit dem Hinweis, dass »die Unzulänglichkeit von Alphabeten, so ausgefeilt sie auch sein mögen, sich nirgendwo deutlicher bewiesen hat, als im Feld

128 Bei diesen Versuchen wurde vor dem Gaumen ein sehr dünner und mit Kreidestaub überzogener »falscher Gaumen« platziert und einzelne Silben ausgesprochen. An der Stelle, an der die Zunge den Gaumen berührte, hinterließ sie auf der Oberfläche des falschen Gaumens einen Abdruck. Die Prothese wurde im Anschluss vorsichtig aus dem Mund herausgenommen und fotografiert.

129 Goddard 1905, S. 619.

der indianischen Sprachen«.[130] Die Fähigkeit, die Laute dieser Sprachen zu unterscheiden – was für ihn mit dem Verständnis der bei ihrer Erzeugung beteiligten artikulatorischen Abläufe gleichkam –, und die Wahl der Transkriptionswerkzeuge und Alphabete, um diese Sprachen niederzuschreiben, bedingten sich gegenseitig. Diese *Überlegungen* waren nicht neu. Bereits zu Beginn des 19. Jahrhunderts hatte der Missionar John Heckewelder, Autor einer Studie über die Indianerstämme Pennsylvanias, die These der Instabilität der indianischen Aussprache zurückgewiesen und zahlreiche von Zeitgenossen begangene Fehler bei der Transkription indianischer Sprachen aufgezeigt. Diese ließen sich auf zwei Faktoren zurückführen: das Fehlen alphabetischer Zeichen zur Darstellung neuer Laute und die Tatsache, dass jenen Autoren ein »indianisches Ohr« fehlte, das in der Lage war, die fremden Laute genau wahrzunehmen.[131] Diese beiden untrennbaren Probleme – die phonetische Relevanz der Transkriptionssysteme und die Schwierigkeit, die indianischen Laute zu unterscheiden – beschäftigten ebenfalls John W. Powell. Besorgt über den Amateurismus der anthropologischen Disziplin, wollte Powell eine strenge Systematik bei der Beobachtung und Erhebung gesprochener indianischer Sprachen einführen: »Derjenige, der zum ersten Mal eine indianische Sprache niederschreibt, hat dafür zu sorgen, dass sie auch von all jenen untersucht werden kann, die der Sprache nicht mächtig sind. Sein Unternehmen ist zwangsläufig zum Scheitern verurteilt, wenn er sein Alphabet nicht mit strenger Konsequenz verwendet.«[132] Er beauftragte den Sanskrit-Spezialisten William Dwight Whitney (1827-1894) mit der Erstellung eines standardisierten Alphabets für die Transkription indianischer Sprachen,[133] obgleich Whitney nur sehr zurückhaltend darauf einging, sich auf ein Terrain zu begeben, das nicht sein Fachgebiet war und ein System zu entwickeln, das er als zu starr ansah, um die Vielfalt dieser Sprachen wie-

130 Ebd., S. 613.
131 Brief von J. Heckewelder an P.-E. Duponceau, in: Heckewelder (1819) 1881, S. 374, zit. in Andresen 1990, S. 95.
132 Powell (1877) 1880, S. 3.
133 William Dwight Whitney, On the alphabet, in: ebd.

dergeben zu können.[134] In der Neuauflage seiner *Introduction to the Study of Indian Languages* (1880) übernahm Powell weitgehend Whitneys Empfehlungen, indem er die Notwendigkeit einer gemeinsamen Grundlage *für* das Schreiben indianischer Sprachen unterstrich. Gleichzeitig postulierte er eine relative Entsprechung zwischen den Lautsystemen der vom Bureau of American Ethnology untersuchten gesprochenen Sprachen und den Lauten geschriebener Sprachen, darunter an erster Stelle Englisch, Französisch, Deutsch und Italienisch. Für Powell stellte das lateinische Alphabet einen logischen Ausgangspunkt dar, war es doch das Alphabet der »zivilisierten« Sprachen, unter Anthropologen am weitesten verbreitet. Nach der Aufstellung der Regel »ein Laut – ein Zeichen« führte Powell die Notwendigkeit vor Augen, die Verwendung von Zeichen, die nicht im lateinischen Alphabet enthalten waren, weitgehend zu beschränken. Sollten sich Zusätze nicht vermeiden lassen, dann mussten die diakritischen Zeichen leicht zu drucken sein – diese Sorge war allen Erfindern von Alphabeten gemein. Im Fall der »synthetischen« Laute, die selbstverständlich besondere Transkriptionsschwierigkeiten bereiteten, verwies Powell den Forscher auf sein eigenes Urteilsvermögen: »Synthetische Laute sollten durch denjenigen Buchstaben beschrieben werden, der den Laut darstellt, der am häufigsten abgegeben zu werden scheint.«[135]

Powells Alphabet wurde von den Sprachwissenschaftlern des Bureau, die einen stärker empirischen Ansatz verfolgten,

134 Vgl. Darnell 2000, S. 50. Wie Whitney im Rahmen einer kritischen Besprechung des Standardalphabets des deutschen Sprachwissenschaftlers Karl Lepsius (1855) schrieb, war er sich des Zusammenhangs zwischen dem Problem des Hörens fremder Laute, der Berücksichtigung akustischer Phänomene und der Kenntnis der Vorgänge der Lautartikulation bewusst. Er wies auf Lepsius' Fehler bei der physiologischen Analyse der Laute hin, die dazu führten, dass dieser keinen wirklichen Unterschied zwischen den Lauten *s* und *z* machte. Whitney führte diesen Fehler auf Lepsius' deutsche Wurzeln zurück und verwies hingegen auf die Begabung der frühen Hindu-Grammatiker und deren »Kompetenz bei der phonetischen Analyse«: Sie seien »in der Lage, uns beim Verständnis der Laute unserer eigenen Sprachen anzuleiten«. (Whitney 1860, S. 313f.).

135 Powell (1877) 1880, S. 15.

umgehend heftig kritisiert.[136] Auch Boas war mit einer derartigen Reduktion der scheinbaren Unregelmäßigkeit der gesprochenen indianischen Sprachen auf ein aus indo-europäischen Schriftsystemen hervorgegangenes einziges, willkürliches Modell zutiefst uneins. Er stimmte allerdings zu, dass Konventionen zur Vereinheitlichung der Transkriptionspraktiken notwendig waren. Bereits bei seiner ersten Erhebung von Mythen und Gesängen bei den Inuit (1883-1884) stützte er sich auf eine Transkriptionsmethode, die er von Samuel Kleinschmidt, Autor einer *Grammatik der grönlandischen Sprache* (1851), übernommen hatte. Hinrich Rink hatte ihm in der Tat angeraten, seine Grafie des Inuktitut zu vereinheitlichen, nachdem Boas zunächst alle Namen auf Inuktitut und manchmal sogar auch englische oder schottische, die er gehört hatte, phonetisch transkribiert hatte.[137] Nach seiner Rückkehr 1888 von seinem zweiten Aufenthalt in British Columbia, der von der British Association for the Advancement of Science finanziert worden war, korrespondierte Boas mit Horatio Hale, dem damaligen Leiter der für die Nordwestküste zuständigen Abteilung innerhalb dieses Verbandes, um die Einzelheiten zur Anordnung und Darstellung des erhobenen Materials zu besprechen. Michael Mackert berichtet, dass die beiden Männer zu diesem Zeitpunkt über das geeignete Transkriptionssystem diskutierten und die jeweiligen Vor- und Nachteile der Alphabete von Max Müller (1854), Richard Lepsius (1863), Friedrich Techmer (1884) und John W. Powell (1877) in Augenschein nahmen. Um Hale von der Notwendigkeit zu überzeugen, den spezifischen Lauten der Nordwestküsten-Sprachen angemessene neue Zeichen einzufügen, stellte Boas die Grundlagen der Argumentation auf, die er später in seinem Text über »alternierende Laute« ausbaute.

Nach Powells Tod im Jahr 1902 bat der Vorsitzende der American Anthropological Association, William McGee, Boas darum, ein »endgültiges« und »allgemeines« System festzulegen, um die Transkription der indianischen Sprachen durch amerikanische Anthropologen ein für alle Mal zu standardisieren.[138]

136 Darnell 2000, S. 50.
137 Müller-Wille (Hg.) 2014, S. 102.
138 Brief von W. McGee an Boas, 27. Mai 1903, zit. in: Darnell 2000, S. 195.

Doch Boas zweifelte an der Umsetzbarkeit dieses Vorhabens, das »die Anzahl diakritischer Zeichen unnötig« zu erhöhen drohte, und vor allem an der Triftigkeit eines verallgemeinernden Modells, das die Eigenheiten jeder Sprache zu verschleiern drohte: Sein eigenes orthografisches System war zwar gut für die Sprachen der Nordwestküste geeignet, konnte jedoch nicht »auf Sprachen wie die der Sioux oder der Pueblos«[139] angewandt werden. Boas' Haltung bestand darin, der Verführung zu widerstehen, die nordamerikanischen Sprachen, sowohl ihre Laute als auch ihre Grammatik, in »eine Art Prokrustesbett«[140] hineinzuzwingen. Trotz seiner praktischen wie theoretischen Widerstände saß Boas einem Ausschuss der American Anthropological Association vor, die aus seinen Schülern Edward Sapir und Alfred Kroeber sowie aus Pliny E. Goddard und eine Zeit lang auch John P. Harrington bestand. Der Ausschuss, der ab 1913 tagte, veröffentlichte 1916 einen Bericht, der die Ergebnisse seiner Arbeit enthielt. Er stellte »ein überaus detailliertes und komplexes System« vor, das den Anthropologen helfen sollte, »die verschiedenen komplexen phonetischen Phänomene, die in der amerikanischen Linguistik anzutreffen waren, aufzuzeichnen und zu diskutieren«.[141] Der Bericht bestand aus zwei Teilen: »Regeln für ein einfaches System« zum einen und »Regeln für ein komplexeres System« zum anderen, womit die Vorschläge unterschiedlichen Anforderungsebenen gerecht werden konnten. Für den Spezialisten, der »die Laute einer Sprache analysieren und untersuchen wollte«, war es unerlässlich, »eine beachtliche Anzahl an Zeichen und eine breite Vielfalt von Variations-Beiwerk in Form von diakritischen Zeichen und Akzenten« zur Verfügung zu haben.[142] So wurde etwa die Verwendung von griechischen Buchstaben, Exponenten oder Großbuchstaben empfohlen. Doch die Autoren gaben zu: »ein derart ausgefeiltes System« erweise sich als zu kompliziert »für weniger gut in Phonetik ausgebildete Forscher, die zwischen den Lauten, die sie wahrnehmen, nur schwer unterscheiden

139 Brief von Boas an McGee, 28. Mai 1903, in: ebd.
140 Harrington 1945, S. 98.
141 American Anthropological Association 1916, S. 2.
142 Ebd., S. 1 f.

können«.[143] Für »die Erhebung und den Abdruck umfangreicher Textsammlungen« warf diese Komplexität das Problem der Kosten all dieser Zeichen auf, die in den Druckereien mitunter schwer zu finden waren. Um die Lesbarkeit des Materials zu gewährleisten, schlug der Ausschuss demnach vor, »die Wörter, die in einem Text sehr oft auftauchen«, nicht unbedingt jedes Mal mit »all den Zeichen, die sämtliche phonetischen Merkmale kennzeichnen«, zu transkribieren.[144]

Wie John Harrington hervorhob, hielt Boas selbst sich nicht an die Empfehlungen, die er 1916 mit ausarbeitete.[145] In den von ihm herausgegebenen Textsammlungen verwendete er nicht das vom Ausschuss befürwortete vereinfachte phonetische Transkriptionssystem, sondern behielt im Gegenteil sämtliche zum »spezialisierten« Ansatz gehörigen diakritischen Zeichen bei. In seiner Transkriptions- und Editionsarbeit wurde somit die Spannung zwischen der Beschreibung einer Sprache in ihren kleinsten Details und Variationen auf der einen und den von der Verschriftlichung auferlegten formalen Entscheidungen auf der anderen Seite sichtbar. Boas zeigte stets weniger Interesse für die Ebene des abstrakten »Phonems« als für dessen vielfältige Aussprachen, die eine beachtliche Erhöhung der Anzahl spezieller Zeichen implizierte, selbst auf die Gefahr hin, dass das Material dadurch schwer zugänglich wird. Die Etappe der »strengen« oder »phonetischen« Transkription konnte tatsächlich entscheidend sein, wenn es darum ging, in einem zweiten Schritt zu bestimmen, ob zwei phonetische Formen trotz ihrer scheinbaren Unterschiede nicht in Wirklichkeit identisch sind. Doch das Risiko war groß, nicht mehr

143 Ebd., S. 2.

144 Ebd. Regna Darnell beschreibt die sehr gegensätzlichen Reaktionen von Sapir und Kroeber, beide Schüler von Boas, die ein grundsätzlich verschiedenes Verhältnis zur Linguistik hatten (vgl. Darnell 2000, S. 196): Während Kroeber einer Überfülle an phonetischen Details eher skeptisch gegenüberstand, empfing Sapir dieses Alphabet für Spezialisten, das auf »eine Beschreibung der Beziehungen zwischen den Lauten« einer Sprache anstatt auf der Entsprechung zwischen Lautsystemen gründete, mit großem Enthusiasmus (Sapir 1917, S. 80f.).

145 Harrington 1945, S. 97.

zu erkennen, bis zu welchem Punkt diese Suche nach einer immer feineren Differenzierung sinnvoll ist.

Judith Berman hat die Entwicklungen von Boas' Transkriptionssystem nachgezeichnet und die Grenzen seines Vorgehens hervorgehoben. In der Monografie *The Social Organization and the Secret Societies of the Kwakiutl Indians*, die Boas 1897 im Anschluss an seinen Aufenthalt in British Columbia veröffentlichte, war seine Orthografie des Kwak'wala noch »sehr unbeholfen«.[146] Ab 1901 erarbeitete Boas mit Hilfe seiner Informanten im Feld ein neues Alphabet, das zwar aus rein phonetischer Sicht präziser, doch aufgrund der vielen diakritischen Zeichen schwierig zu handhaben war. So hat Berman allein 19 »vokalische Segmente« gezählt: »weit mehr als die fünf vokalischen Phoneme«,[147] die im Kwak'wala in Gebrauch sind. Eine solche Komplexität führte zwangsläufig zu Transkriptionsfehlern aufseiten von Boas' Mitarbeitern; unablässig korrigierte und verfeinerte er deren orthografische Systeme. Durch die Integration der Variationen von Lauterzeugungen versuchte Boas vielleicht, in seinen Transkriptionen das starre und selektive Wesen der Schrift zu korrigieren. In jedem Fall gab er dieser Art der Datenerhebung und -präsentation den Vorzug gegenüber Tonaufnahmen, obgleich diese zur Konservierung der in ihrer Unmittelbarkeit erhaltenen Spuren der Mündlichkeit der untersuchten Sprachen besonders geeignet schienen. Boas wertete die schriftliche Transkription wohl deshalb auf, weil er eine aktivere Herangehensweise als das Anhören von Aufnahmen voraussetzte: Um transkribieren zu können, musste man lernen, die »Tonart« zu wechseln (die der Muttersprache wie auch die erworbenen Vorstellungen), sich an andere Laute zu gewöhnen, sie zu unterscheiden. Diese deskriptive Arbeit führte zu einem wichtigen Perspektivenwechsel: Der Akzent wurde auf die Wahrnehmung gelegt und dem eingeborenen Informanten wurde eine neue Aufgabe übertragen, die darin bestand, einen Diskurs nicht mehr nur zu erzeugen, sondern ihn auch anzuhören und zu Hören zu geben.

Zur selben Zeit sondierten andere Forscher ausgehend von verschiedenen Prämissen die Verknüpfungen zwischen Poesie

146 Berman 1991, S. 15.
147 Ebd.

und Musik, Oralität und Schrift, etwa der Linguist Eduard Sievers (1850-1932), Spezialist deutscher Phonetik und Metrik, der eine Theorie der »Sprachmelodie« entwickelte. Sievers beobachtete 1901, indem er sich nicht mehr auf der Ebene der Wörter platzierte, sondern auf der Ebene von Versen, Sätzen, Gedichten und ganzen Texten, dass das laute Lesen eines Textes einherging mit einer Form von »Melodisierung«. Er postulierte, dass diese Melodisierung in engem Bezug stand zur ganz spezifischen »Melodie« der Sprache eines Autors oder zu dem, was er als »Ethos seines Verses« bezeichnete, »der instinktiv beziehungsweise bewusst wahrgenommen werden kann«.[148] Dieses Phänomen war ihm zufolge umso bemerkenswerter, als der vom Leser des Textes »unabsichtlich wahrgenommene« und mit besonderen »melodischen Eigenschaften« assoziierte »Stimulus« nicht direkt Gegenstand einer »Symbolisierung im Schriftlichen« wurde.[149] Obwohl in einem geschriebenen Text der Zugang zu dem, was Sievers als die *Gestalt* eines Werkes bezeichnete, nicht so unmittelbar war wie im Fall eines materiellen Gegenstands wie einer Skulptur oder eines Gemäldes, und obwohl das Schriftliche, der Text, nur ein »ärmlicher Ersatz« für »das lebendige Wort« sein konnte, war die mündliche Darbietung, die Rezitation, in der Lage, ihm Leben einzuhauchen. Der Musikwissenschaftler Carl Stumpf war überzeugt, dass phonographische Aufnahmen Sievers' Hypothesen objektiv bestätigen konnten,[150] und das Argument war zweifelsohne noch schlüssiger für Texte, die in einer entfernten und gänzlich unbekannten Sprache rezitiert wurden. Boas' Entscheidung, trotz allem systematisch auf schriftliche Transkriptionen und Editionen zurückzugreifen, ging in die Richtung von Sievers' Thesen, obwohl er sie vielleicht nicht kannte: Dem Akt der Rezeption eines geschriebenen Textes wurde die Kraft zugeschrieben, zum Teil die »Melodie« eines Wortes wiederzugeben, ohne dass man es mit einer direkten Imitation zu tun hatte, wie diejenige, die Stumpf mit Hilfe des Phonographen zu ermöglichen gedachte.

148 Sievers 1912, S. 12.
149 Sievers: Über Sprachmelodisches in der deutschen Dichtung (1901), in: ebd., S. 57.
150 Stumpf 1908, S. 239.

Boas und die Arbeit seiner »eingeborenen Ethnografen«

Materialsammlung und Arbeitsteilung

Angesichts des Phänomens der »Tonblindheit«, das ein Hör- und Transkriptionsproblem aufwarf, bemühte sich Boas, eine angemessene Methode zur Niederschrift des mündlichen Sprachmaterials der Indianer zu etablieren. Dass er selbst über ein ausgezeichnetes musikalisches und sprachliches Gehör verfügte, wurde bereits erwähnt. Trotzdem sah Boas es als notwendig an, sich selbst intensiv im Hören der unbekannten Laute der Nordwestküstensprachen zu schulen und gleichzeitig, was noch wichtiger war, einheimische Mitarbeiter in seine Methoden der Erhebung, der phonetischen Niederschrift und gegebenenfalls der Übersetzung von Texten einzuweisen, um ein möglichst hohes Maß an Präzision und Treue zum mündlichen Diskurs zu erreichen. Bei der Sammlung von Chinook-Legenden gab Boas die von ihm angefertigten Transkriptionen seinem Informanten Charles Cultee zu lesen; dieser »erklärte [ihm] die grammatische Struktur der Sätze anhand von Beispielen« und »erhellte den Sinn einiger komplizierter Passagen«.[151] Bald ging Boas einen Schritt weiter und hob die Dichotomie zwischen Informanten und Ethnografen auf, d.h. er vereinte beide Rollen in der Person einiger seiner Mitarbeiter vor Ort, indem er sie beauftragte, selbst eine schriftliche Fassung des von ihnen zusammengetragenen mündlichen Materials zu erstellen, in manchen Fällen auch eine Übersetzung. George Hunt (1854-1933) etwa war von Boas' erstem Aufenthalt in British Columbia an fünfundvierzig Jahre lang sein wichtigster Arbeitskollege; daneben arbeitete Boas u.a. mit dem Tsimshian Henry Tate, von 1903 bis zu dessen Tod 1914, mit der im Stamm der den Dakota-Indianer geborenen Sprachwissenschaftlerin Ella DeLoria oder mit dem Tlingit Louis Shotridge zusammen. Sie alle waren Judith Berman zufolge für Boas nicht nur »eine Quelle ethnogra-

151 Boas 1894, S. 5f.

fischer Informationen, sondern deren Sammler und Interpreten, in der Lage, sie aktiv in Form zu bringen. [...] Neben dem ⟨professionellen *enquêteur* im Feld⟩ schwebte Boas ein anderer Typ von Feldmitarbeiter vor: der ⟨eingeborene Ethnograf⟩ (*native ethnographer*)«.[152] Die von Judith Berman gebrauchte Wortwahl gibt Hunts wichtigen Beitrag sicherlich treffender wieder als die Worte von Lévi-Strauss, der Boas' indigenen Mitarbeiter als »außergewöhnlich begabten Informanten« und »vorbildlichen *enquêteur*« begrüßte.[153]

Ab 1900 wurden Boas' Aufenthalte im Feld immer seltener.[154] Die Übertragung der Erhebungsarbeit auf andere Mitarbeiter erlaubte es dem Anthropologen, seine geduldige Akkumulation von sprachwissenschaftlichem und ethnografischem Material voranzutreiben, dessen Qualität er anhand eines permanenten Hin und Her zwischen Sendung und Überarbeitung der Texte kontrollieren konnte – ein Verfahren, das Judith Berman als »Brief-Ethnografie« bezeichnet hat.[155] Der Rückgriff auf »eingeborene Ethnografen« war nicht allein der wissenschaftlichen Arbeitsteilung geschuldet, zu der Boas' zahlreiche berufliche Verantwortlichkeiten unweigerlich zwangen; plausibel ist auch, dass Boas absichtlich darauf verzichtete, sich persönlich ins Feld zu begeben, und aus methodologischen und nicht ausschließlich praktischen Gründen einen Großteil der Erhebungsarbeit delegierte, unter Beachtung der Notwendigkeit, die Sammlung der sprachlichen Zeugnisse, die in seinen Veröffentlichungen vereint und verstetigt werden sollten, Mitarbeitern anzuvertrauen, die über ein auf die spezifischen Laute ihrer Sprache perfekt eingestimmtes »indianisches Ohr« verfügten.

Boas selbst beschreibt seine Zusammenarbeit, insbesondere diejenige mit George Hunt, als permanenten Austausch, in dem er ihm neue Kompetenzen im Bereich der Verschriftlichung beibrachte – etwa eine neue Orthografie vorschlug, die

152 Berman 1991, S. 19.

153 Lévi-Strauss 2006b, S. 993.

154 1914, 1922 und 1923 absolvierte Boas kurze Aufenthalte im Feld. 1927 hielt er sich etwas länger auf, und ein letztes Mal, im Jahr 1930-1931, blieb er fast drei Monate lang, um speziell die Tänze zu untersuchen und zu filmen.

155 Berman 1991, S. 8.

beide gemeinsam verbesserten – und im Gegenzug dazu mit Hunts Unterstützung seine Hörfähigkeit schulte. So schrieb Hunt zu Beginn ihrer Zusammenarbeit Kwak'wala noch nach einer von den Missionaren entwickelten Orthografie. Anlässlich der Weltausstellung in Chicago 1893 lud Boas ihn in die Vereinigten Staaten ein und lehrte ihn sechs Monate lang, Kwak'wala in seiner Orthografie zu notieren und zu transkribieren, die Boas zufolge besser an die Laute der Sprache angepasst war. Er selbst übte sich währenddessen im genaueren Heraushören der verschiedenen Laute:

> »1893 begann Mister Hunt nach dem von mir verwendeten Buchstabiersystem Textmaterial in der Sprache der Kwakiutl aufzuzeichnen. Auf mehreren Reisen nach British Columbia hatte ich die Gelegenheit, das von ihm niedergeschriebene Material kritisch mit ihm zu besprechen, wobei sich sowohl seine Methode der Niederschrift als auch meine Kenntnis der Phonetik dieser Sprache stetig verbesserten.«[156]

Kurz nach der Jahrhundertwende kam Hunt nach New York. Dieser Besuch bot die Gelegenheit, die Orthografie des Kwak'wala zu verfeinern:

> »1903 kam Mister Hunt nach New York, um die von uns beiden zusammengetragenen Sammlungen für das American Museum of Natural History zu arrangieren; mir gelang es bei dieser Gelegenheit, seine Schriftkenntnis zu verbessern und ich selbst konnte im Hören der Sprache Fortschritte machen, allerdings nicht ganz so umfangreiche, wie ich gewünscht hätte.«[157]

Dadurch verbesserten sich Hunts Arbeitsbedingungen (»mit unserer neuen Orthografie schreibe ich viel schneller«[158]), und die Anzahl der in diesen Jahren produzierten Texte nahm spürbar zu. Allerdings wurde Hunt auch kritisiert, etwa von George A. Dorsey, Professor für Anthropologie an der Universität Chicago, und dem britischen Botaniker und Ethno-

156 Boas 1905, S. 3.
157 Boas, 1930, S. X.
158 Brief von Hunt an Boas, 1. Januar 1901, zit. in: ebd.

logen Charles Newcombe, beide vom Field Museum of Natural History in Chicago mit der Sammlung von Objekten von der Nordwestküste beauftragt: Sie waren der Ansicht, dass Hunts Transkriptionen des Kwak'wala nur für ihn und Boas lesbar waren[159] und schürten mit ihrer Kritik die alte Rivalität zwischen New York (dem Museum of Natural History und der Columbia University) und den »*Chicago men*«. Doch Boas beruhigte Hunt mit der Bemerkung, dass weder Dorsey noch Newcombe Spezialisten für indianische Sprachen seien: »Sie wissen nicht, wovon sie reden. Natürlich gibt es einige sehr feine Nuancen, die selbst uns entgehen, doch Ihre Schrift hat nichts gemein mit der von Hall.«[160]

Hunt lieferte einen wesentlichen Beitrag zur Verbesserung des orthografischen Systems, das Boas ihn gelehrt hatte. Die Aufteilung zwischen schriftlicher und mündlicher Arbeit darf hier nicht in einem allzu starren Sinn verstanden werden. Die ursprüngliche Arbeitsteilung verschob sich im Laufe des Briefwechsels. Boas delegierte an seine Mitarbeiter im Feld nicht etwa eine minderwertige Aufgabe, sondern den von ihm am höchsten geschätzten intellektuellen Vorgang, der für ihn offenbar nicht nur den dringlichsten, sondern sicherlich auch den faszinierendsten Teil ethnografischer Arbeit ausmachte: den Zugang zu einem Sprachmaterial, dessen Niederschrift alle möglichen praktischen und theoretischen Schwierigkeiten aufwarf. Judith Berman erinnert daran, dass von den etwa 4000 Seiten der von Boas und Hunt veröffentlichten Kwak'wala-Texte vier Fünftel im Rohzustand, d.h. übersetzt aber ohne jegliche Anmerkung oder Kommentar, veröffentlicht worden sind. Diese rätselhafte interpretatorische Askese, die zu vielen Missverständnissen und Enttäuschungen hinsichtlich Boas' Beitrag geführt hat, zeugt jedenfalls klar von der Unmöglichkeit, in seiner Methode eine Arbeitsteilung zu erkennen, bei der die Arbeit der sprachlichen Materialität durch eine souveräne Ausübung der Hermeneutik der ethnografischen Daten überlagert worden wäre.

159 Brief von Hunt an Boas, 12. April 1918 (Boas Papers, American Philosophical Society).

160 Boas bezieht sich hier auf Reverend Alfred J. Hall, den Autor einer Kwakiutl-Grammatik (*A Grammar of the Kwagiutl Language*, Montréal 1889), über die er ein verhaltenes Urteil fällte.

Verschriftlichung und Stil

In der Einleitung zu dem 1917 von ihm begründeten *International Journal of American Linguistics* schrieb Boas, dass die Zusammenarbeit mit eingeborenen, in der Transkription ihrer eigenen Sprache geschulten Mitarbeitern die Möglichkeit bot, die Spontaneität des »oralen Stils« wiederzufinden, von dem man sich aufgrund der »Langsamkeit des Diktats« bei der Aufzeichnung durch »weiße« Forscher keine präzise Vorstellung machen konnte:

> »Es bestehen deutliche stilistische Unterschiede zwischen den auf diese Weise [durch Eingeborene] aufgezeichneten Erzählungen und denjenigen, die von Forschern verfasst wurden, die die Sprache nicht perfekt beherrschen bzw. sie in den meisten Fällen mit Hilfe des gesammelten Textmaterials erlernt haben. Die Niederschrift von Texten erfordert ein langsames Diktat, bei dem der Erzähler nur schwer jene freie Diktion verwenden kann, die eine gut erzählte Geschichte charakterisiert. Folglich herrscht in den meisten diktierten Texten eine unnatürlich einfache Syntax vor. Hat hingegen ein Muttersprachler einen sicheren Umgang mit der geschriebenen Sprache erworben, wird der Stil natürlicher, und sein Ausdruck enthält erneut Feinheiten, die beim langsamen Diktat oft verloren gehen.«[161]

In der Tat unterschieden sich die Arbeitsmethoden von Boas' »eingeborenen« Mitarbeitern von denen »nicht indianischer« Ethnologen im Feld dadurch, dass ihre Aufzeichnungen nie unter Diktat erfolgten und auch nie »*in situ*« in ein Notizheft notiert wurden. Man kann sich fragen, aus welchem Grund die indigenen Mitarbeiter ihre Beobachtungen nicht mit Stift und Notizheft in der Hand durchführten: War eine solche Haltung bei einer Zeremonie, einem Fest oder einem Interview verpönt? Ließ die Gewohnheit, lange Texte von der mündlichen Erzählung ausgehend zu memorieren, die Verwendung der Schrift als fehl am Platz erscheinen? Wie dem auch sei, »die einzigen direkt unter Diktat aufgezeichneten Texte«, so Judith

161 Boas 1917a, S. 1.

Berman, »sind diejenigen, die Boas selbst zusammengetragen hat«.[162] Zwar führte auch Hunt seit seiner Jugendzeit, als er bei der Hudson's Bay Company angestellt war, Notizbücher (»*memorandum books*«) und behielt diese Gewohnheit sein Leben lang bei,[163] doch erfolgten die Aufzeichnungen immer erst im Nachhinein, wenn Hunt von einer Mission heimgekehrt war, am heimischen Schreibtisch. Er schrieb seine Notizen »in seinen eigenen Worten« in einer Mischung aus Englisch und Kwak'wala; anschließend redigierte er den gesamten Text, eine Sage zum Beispiel, zunächst in Kwak'wala, bevor er eine englische Interlinearübersetzung hinzufügte. Der Tsimshian-Indianer Henry Tate (1860-ca. 1914), mit dem Boas von 1903 bis 1914 zusammenarbeitete, und zwar ausschließlich in Form eines Briefwechsels, und den zweisprachigen Band *Tsimshian Texts* (1912) veröffentlichte, hatte Ralph Maud zufolge die Angewohnheit, die Erzählungen in einem ersten Schritt auf Englisch niederzuschreiben und sie dann in Tsimshian zurückzuübersetzen – was bei Boas Besorgnis über die Validität des gesammelten Materials auslöste.[164] In dem Band *Tsimshian Mythology* von 1916 veröffentlichte Boas dann auch nur die englische Version der Legenden. Entgegen Boas' Behauptung hatte die Verfassung der Texte nichts mit einer unvermittelten Wiedergabe eines mündlichen Diskurses zu tun; sie entsprach eher einer Neuprägung, die durch die verschiedenen Schritte der Notierung, der eventuellen Übertragung in andere Sprachen und der »Reinschrift« geprägt war und in der der individuelle Stil des Schreibenden durchschien. Die »Feinheiten des Ausdrucks«, deren Verlust beim langsamen Diktat Boas beklagte, waren vorhanden, doch nichts garantierte, dass sie tatsächlich den mündlichen Stil widerspiegelten und nicht den schriftlichen Stil des Schreibenden.

Judith Berman hat beobachtet, dass Boas dazu neigte, zumindest im Titel der von ihm in Zusammenarbeit mit »eingeborenen Ethnologen« veröffentlichten Werke, die Natur der gesammelten Texte übertrieben zu verallgemeinern, indem er

162 Berman 1996, S. 233.
163 Ebd., S. 232.
164 Vgl. Maud 1989, S. 158-162.

sie einem ganzen »Stamm« anstatt einer Einzelperson zuschrieb. Aus dem von Hunt zusammengetragenen Material wurden zum Beispiel »Kwakiutl-Geschichten« (*Kwakiutl Tales*, 1910), obwohl der Prozess der Verschriftlichung, wie weiter oben dargestellt, eindeutig Hunt als »Autor« im vollsten Sinne des Wortes ausweist.[165] Boas hatte dieses Problem erkannt. In einem Vorwort von 1930 beklagte er eine der größten Verzerrungen, die durch das Heranziehen eines einzelnen Informanten entstehen konnte: »Es ist fraglich, ob wir es mit einem individuellen Stil oder dem Stil eines Stammes zu tun haben.«[166] In der bereits erwähnten Einleitung von 1917 zum *International Journal of American Linguistics* unterstrich er, dass multiple Informanten und Erhebungsmodi ein Mittel sein können, um ein verlässlicheres Bild einer Sprache zu erhalten:

> »Die Transkriptionen einzelner Individuen können Sammlungen von diktierten Aufzeichnungen nicht ersetzen, denn die individuellen Wesenszüge eines Autors können die Oberhand gewinnen und eine falsche Vorstellung der syntaktischen und stilistischen Wesensmerkmale geben. Selbst die Variabilität der grammatischen Formen kann durch die Einseitigkeit solcher Aufzeichnungen verschleiert werden. Wann immer es möglich ist, mehrere Informanten auszubilden, können solche Schwierigkeiten zum Großteil beseitigt werden.«[167]

Bis in die 1910er Jahre hinein sammelte Boas persönlich Texte, die von anderen Indianern diktiert wurden, um eine Art Kontroll-Sample zu erstellen, anhand dessen er die Zuverlässigkeit der Sprache und der Form der von Hunt gesammelten Legenden belegen konnte.[168] Bei der Erhebung der *Kwakiutl Texts* (1905) etwa bemerkte er Unterschiede in der Aussprache, die generationsbedingt schienen, zum Beispiel zwischen dem jungen William Brotchie, einem Halbblut-Nimkish, der von Reverend Alfred J. Hall mit der Übersetzung des Evangeliums betraut

165 Berman 1996, S. 234.
166 ›Preface‹, in: Boas 1930, S. xii.
167 Boas 1917a, S. 1.
168 ders. 1910, S. v.

worden war, und Hunt und den Stammesälteren.[169] Hunt selbst erkannte die Legitimität dieser Kontrollmaßnahme fraglos an; in manchen Fällen wurde er damit beauftragt, zur Überprüfung seinerseits die »Alten« zu befragen und ihnen dafür eine Entschädigung zu zahlen.[170] Die zeitliche Staffelung der Erhebungen und deren Wiederholung im Abstand von mehreren Jahren war ein weiteres Mittel, um eine bessere Qualität des gesammelten Materials zu gewährleisten, wie Boas in *Ethnology of the Kwakiutl* feststellte. Die Übereinstimmung der Aufzeichnungen aus relativ weit auseinanderliegenden Zeitabständen bestätigte die Relevanz der Transkriptionen.[171] Boas' Ansicht nach war das erreichte Ergebnis trotz allem »relativ zufriedenstellend«.

Mehrsprachigkeit und Zugang zu einer »reinen« Sprache

Judith Berman hat sich lange gefragt, was Boas dazu veranlasst haben mochte, mehrere tausend Texte in Kwak'wala von einem Mitarbeiter zusammentragen zu lassen, obwohl diese Sprache nicht einmal seine Muttersprache war: Zwar hatte George Hunt seine Kindheit und die meiste Zeit seines Lebens in Fort Rupert, auf Vancouver Island, im Stammesgebiet der Kwakiutl verbracht, doch seine Mutter war eine Tlingit und sein Vater Brite. Seine Mehrsprachigkeit war beeindruckend: Hunt sprach vier oder fünf Sprachen, mit Sicherheit Englisch, Tlingit, den Chinook-Jargon, Kwak'wala und wahrscheinlich auch Haida, das er von einer Bediensteten seiner Mutter gelernt haben konnte. Laut Berman war er »eines jener Individuen, die fließend mehrere Sprachen sprechen [...] mit einigen Unregelmäßigkeiten in Phonologie, Morphologie und Syntax«. Ihr zufolge unterhielt Boas, obwohl er in Hunts Kwak'wala ausdrücklich »Idiosynkrasien« feststellte, eine gewisse Konfusion, indem er z.B. die Möglichkeit von »Interferenzen« zwischen Hunts Kwak'wala und der von dessen Mutter gesprochenen

169 ›Introduction‹ in: Boas 1905, S. 3.
170 Berman 1996, S. 232.
171 Boas 1921, S. 45; zit. in: Berman 1991, S. 10.

Sprache Tlingit nicht in Erwägung zog. So habe Boas eine gewisse Unklarheit perpetuiert, deren Resonanz sie noch bei Lévi-Strauss feststellte,[172] und es versäumt, deutlich genug zu verstehen zu geben, dass Hunt unter den Kwakiutl in gewisser Hinsicht ein »Fremder« geblieben war. Ein jüngerer Kollektiv-Aufsatz verteidigt die These, dass Boas Hunt fälschlicherweise als einsprachig darstellte.[173] Das war aber nicht der Fall und zudem war Boas weit von der Behauptung entfernt, dass Einsprachigkeit die Voraussetzung einer »reinen und zuverlässigen Sprache« sei. Man könnte sogar denken, dass sein Ansatz einer solchen Assoziation genau entgegenlief. Im Fall des Indianers Charles Cultee, einem Überlebendem des Stammes der Chinook, mit dem Boas für die Edition der *Chinook Texts* zusammenarbeitete, ging Boas im Gegenteil gern und ausführlich auf dessen Mehrsprachigkeit ein. Im Vorwort seiner Textsammlung zum Beispiel:

> »Die Mutter seiner Mutter war eine Katlamat, der Vater seiner Mutter ein Quila'pax; die Mutter seines Vaters eine Clatsop und der Vater seines Vaters ein Tinneh des Inneren. Seine Frau ist eine Chehalis. Heute spricht er fast nur noch Chehalis, was auch die Sprache seiner Kinder ist. Er hat lange in Katlamat, der Geburtsstadt seiner Mutter, am südlichen Ufer des Columbia Rivers gelebt. Er spricht also die Dialekte Katlamat und Chinook. Er spricht Katlamat mit Samson, einem ebenfalls in Bay Center lebenden Katlamat-Indianer. Bis vor einigen Jahren sprach er Chinook mit einem seiner Verwandten, doch heute benutzt er es nur noch selten mit Catherine, die ein paar Kilometer von Bay Center entfernt lebt. Möglicherweise war sein Chinook zum Teil mit Katlamat-Ausdrücken vermischt, doch nach eingehender Untersuchung des Materials gehe ich davon aus, dass wir es hier generell mit einer reinen und zuverlässigen Sprache zu tun haben.«[174]

Boas beschrieb hier eine Situation, in der der Übergang von einer Sprache zur anderen reibungslos zu erfolgen schien und

172 Berman 1991, S. 3.
173 Vgl. Epps/Webster/Woodbury 2017, S. 45.
174 ›Historical Account‹, in: Boas 1894, S 5.

räumte gleichzeitig ein, dass Charles Cultees Mehrsprachigkeit ein methodologisches Problem aufwarf und die Fähigkeit, mehrere Sprachen zu sprechen, ohne sie »zu vermischen«, keine Selbstverständlichkeit war. Dennoch kam er zu dem Schluss, dass die simultane Verwendung mehrerer Sprachen kein Hindernis für die Wiedergabe einer »reinen und zuverlässigen Sprache« darstellte. Er brachte somit selbst das Problem der »Kompetenz« des Sprechers vor[175] und unterstrich ausdrücklich, dass er die Erfassung von Texten in einer »reinen« Sprache anstrebte. Überwand er diesen scheinbaren Widerspruch genau dadurch, dass er seinen mehrsprachigen Mitarbeitern die Fähigkeit zusprach, zu einem solchen Ergebnis zu gelangen? Die Frage ist triftig, selbst wenn Boas dazu nicht explizit Stellung bezogen hat. Zu bemerken ist, dass Mehrsprachigkeit vor allem bei »eingeborenen Ethnografen« valorisiert wurde, nicht aber bei Ethnografen, die aus der englischsprachigen akademischen Welt stammten: Bei Letzteren wurden multiple Sprachkompetenzen und deren Auswirkungen auf das Erlernen der einzelnen Sprachen nicht ausdrücklich thematisiert.

Dass Boas auf mehrsprachige Mitarbeiter wie Hunt, Cultee oder James Teit zurückgriff, steht natürlich im Zusammenhang mit dem Ziel der Übersetzung, das er sich gesetzt hatte. Teit verkörperte die »ideale« Figur eines »vor Ort lebenden Outsiders, der eine Thompson-Frau geheiratet hatte, mit dem Stamm lebte und ›die Sprache der Thompson-Indianer perfekt beherrschte‹«.[176] Durch die Zusammenarbeit mit »Outsidern« und mit jenen, die ein Leben lang die Rolle der Vermittler zwischen mehreren Kulturen spielten,[177] wollte Boas von den analytischen Fähigkeiten seiner Mitarbeiter profitieren, die nicht nur zwi-

175 Berman 1991, S. 11.

176 Dies. 1996, S. 222; zitiert wird hier Franz Boas' ›Editor's Note‹, in: Boas 1900, S. 165.

177 1881 war Hunt z.B. als Dolmetscher und Führer für den Kapitän Jacobsen tätig, der sich auf Mission für das Völkerkundemuseum Berlin befand. So war Hunts Name Boas höchstwahrscheinlich bereits vor seiner Abreise nach Amerika geläufig. Später sammelte Hunt Objekte für diverse große Museen: u.a. das American Museum of Natural History in New York, das Museum of the American Indian in New York, das Victoria Memorial Museum of Canada. Vgl. Berman 1991, S. 8.

schen den verschiedenen Sprachen Übergänge schufen, sondern auch in der Lage waren, zwischen den wissenschaftlichen Fragen des Anthropologen und dem Diskurs der Indianer zu vermitteln und im weiteren Sinn des Wortes zu »übersetzen«. Die Fähigkeit, zwischen den Sprachen zu wandeln, war nicht die Antithese, sondern das Korrelat der Fähigkeit jener mehrsprachigen Sprecher, sich in einer gegebenen Sprache einen Zugang zu spezifischen Diskursformen zu verschaffen, die von ganz anderer Natur waren als ihre persönlichen sprachlichen Verwendungen desselben Idioms, insbesondere der gesprochenen Sprache: einen Zugang zu »esoterischen« Diskursformen. Judith Berman hat gezeigt, dass die von Hunt gesammelten Texte, allen voran die Mythen, einem besonderen Zustand der Sprache entsprachen, der gleichzeitig älter und formalisierter war als die Alltagssprache. »Noch heute ist das in Mythen, Genealogien, Diskursen und zeremoniellen Gesängen [verwendete] Kwak'wala aus morphologischer Sicht komplexer und in lexikalischer Hinsicht reichhaltiger als das Kwak'wala des Alltags.«[178] Ein Großteil der von Hunt erhobenen Texte spiegelt somit die sprachliche Erfahrung wider, die er in seiner Kindheit gemacht haben muss, als er im Alter von nur neun Jahren zur Teilnahme an den zeremoniellen Handlungen der Kwakiutl-Häuptlinge eingeladen wurde[179] und so in die in diesem Kontext gebräuchliche ritualisierte Sprache eingeweiht wurde. In diesem spezifischen Fall war die relative Entfernung vom Status des »Eingeborenen« kein Zugangshindernis, sondern – im Gegenteil – Voraussetzung für das Erlernen elaborierter Sprachformen.

178 Ebd., S. 13.

179 Hunt galt als besonderes Kind, das schrieb er in einem Brief an Boas: »Ich wurde von den alten [Kwagul] Häuptlingen [zu den Festen] gerufen ... von meinem neunten Lebensjahr an. Dass ich von ihnen so gut behandelt worden bin, hat folgende Bewandtnis: Sie erzählen, dass sie, bevor meine arme Mutter nach Fort Rupert kam, gewöhnlich von dem Volk aus dem Norden überfallen und bekämpft wurden und dass viele dabei ums Leben kamen. Und als ich 1854 geboren wurde, kam mein Großvater nach Fort Rupert, um meine arme Mutter zu besuchen, und von da an gab es keinen Krieg mehr zwischen den Tongas und den Kwagul ... Die alten Häuptlinge sagen, dass der Krieg durch mich beendet wurde.« (Brief von George Hunt vom 6. Januar 1919, zit. in: ebd., S. 4).

1917, in der Einleitung zum *International Journal of American Linguistics*, warnte Boas indes vor dem einseitigen Charakter des bis dahin erhobenen Materials, das hauptsächlich aus mythologischen Erzählungen bestand, und riet dazu, auch »den alltäglichen Formulierungen und Konversationen, Beschreibungen der Techniken und Gebräuche usw.« Aufmerksamkeit zu schenken.[180] Er selbst begann, neue Texttypen zu sammeln, und vereinte ab der Jahrhundertwende sprachliche Dokumente zur »Technik, Ernährung, Ethnozoologie oder Ethnobotanik«.[181] Dennoch besetzen die Mythen einen zentralen und zahlenmäßig größeren Platz in Boas' Korpus. Für Idiome, die zum Teil im Aussterben begriffen waren und nur noch von einigen Sprechern gesprochen bzw. verstanden wurden, stellten sie Zeugnisse eines weitgehend »reinen und zuverlässigen« Zustands der Sprache dar, um den bereits zitierten Ausdruck von Boas noch einmal zu bemühen:[182] Die Erhebung der Mythen scheint für ihn ein Mittel zur Sammlung sprachlicher Artefakte gewesen zu sein, die einen besonders »konservativen« Charakter aufwiesen und den Forscher über ältere Zustände der betroffenen Sprache oder über die Sprache, selbst wenn sie nicht mehr gesprochen wurde, aufklären konnten.

Führte die Valorisation dieser »unvermischten« Sprachzustände Boas dazu, die Phänomene sprachlicher Hybridation zu ignorieren? Gegen eine derartige Hypothese spricht, dass Boas mit der Veröffentlichung einer beachtlichen Anzahl von Texten im Chinook-Jargon begann, einem Idiom, das offensichtlich das Ergebnis einer Akkulturation von Sprachen war. Wenn er in seinem Vorwort der *Indianischen Sagen* bekräftigt, er habe Texte »aus dem Munde der Indianer« gesammelt, dann verstand er darunter, dass die Sprecher der erhobenen Texte keine »Weißen« waren; doch »ein großer Teil« der Sagen wurde ihm »durch Vermittlung des Chinook-Jargons«[183] erzählt, von dem er folgende Beschreibung liefert:

180 Boas 1917a, S. 2.
181 Berman, 1996, S. 236.
182 Siehe den ›Historical Account‹ in: Boas 1894, S. 5f.
183 »Vorwort« in: ders. 1895, S. V.

»Als die Händler der Hudson Bay Company zum ersten Mal jenen Teil unseres Kontinents betraten, der heute als Oregon und Washington-Territorium bekannt ist, fanden sie eine beachtliche Zahl von Sprachen vor, die in dieser Gegend gesprochen wurden, was den Austausch mit den Indianern äußerst erschwerte. Aufgrund der Notwendigkeiten des Handels war ein Mittel, mit dessen Hilfe mit den Eingeborenen aller Teile des Landes einfach kommuniziert werden konnte, unverzichtbar. So entstand aus den unbeholfenen Versuchen der Indianer und der französischen und englischen Händler, sich verständlich zu machen, eine *lingua franca*, die als Chinook-Jargon bekannt ist und deren Gebrauch sich rasch Richtung Norden ausbreitete. Heute wird diese Sprache vom Washington-Territorium bis zum Lynn-Kanal in Alaska gesprochen; nur die älteren Indianer verstehen sie nicht. Sie wird sowohl im Verkehr zwischen Indianern und Weißen als auch zwischen Stammesmitgliedern, die verschiedene Sprachen sprechen, benutzt. Der Jargon setzt sich hauptsächlich aus Wörtern aus dem Englischen, dem Französischen, dem eigentlichen Chinook, dem Nutka und dem Sahaptin zusammen. Chinook wird am unteren Lauf des Columbia Rivers gesprochen, Sahaptin im Inneren des Gebiets von Washington und Nutka an der Westküste von Vancouver Island. Mit der Zeit stieg die Anzahl der englischen Wörter im Chinook-Jargon, während die anderen Bestandteile proportionell abnahmen. Seine Struktur, falls es überhaupt eine gibt, zeigt einige Gemeinsamkeiten mit dem Chinook. In den ersten Jahren des neuen Jahrhunderts haben katholische Priester versucht, Hymnen und Predigten in diesem Jargon zu verfassen, wodurch dieser tatsächlich einen höheren Stellenwert einnahm und zu einem besseren Kommunikationsmittel wurde. Von Zeit zu Zeit sind Wortschätze und Phrasensammlungen veröffentlicht worden, doch es ist in der Regel nur wenig bekannt, dass der Jargon auch von einheimischen Dichtern verwendet wird. Ich wurde dieser Tatsache zum ersten Mal gewahr, als ich eine Gruppe von Indianern von der Nordwestküste Amerikas traf, die in Europa ausgestellt wurden. Später entdeckte ich einen Gesang in einem Groschenroman, *For Love and Bears*, der vor einigen Jahren in Chicago veröffentlicht wurde. Während meines Aufenthalts in British Columbia im Jahr 1886 widmete ich diesem Thema und vor allem dem Ursprung der Gesänge meine Aufmerksamkeit.«[184]

Im Hinblick auf diese Gesänge stellte Boas fest, dass sie oft von Frauen komponiert wurden. Er zitierte und übersetzte einige Beispiele und setzte die englischen Wörter des Chinook-Jargons kursiv:

4. ***Good-bye, barkeeper!*** **naika tla'towa alta okok *sun*.**	**Good-bye, barkeeper! I am going now to-day.**
Dja! Potlatch pätlem *cocktail* naika.	**Come! give me a full cocktail.**

Abb. 7: Auszug aus F. Boas: Chinook Songs, in: Journal of American Folk-Lore 1 (3), 1888, S. 221.

Michael Dürrs Hypothese, laut der Boas aufgrund seiner unzulänglichen Sprachkenntnisse und zum Zweck, in der begrenzten Zeit seiner ersten Feldaufenthalte so viel Textmaterial wie möglich zu sammeln, bei dessen Erhebung auf den Chinook-Jargon zurückgriff,[185] ist sicherlich nicht unfundiert. Das zurückliegende Datum der Veröffentlichung der *Chinook Songs* (1888) und die Tatsache, dass Boas später keine weiteren Forschungen auf diesem Gebiet unternahm (die *Chinook Texts* von 1894 waren auf Chinook und nicht mehr im Chinook-Jargon verfasst), scheinen sie zu belegen.

Neben seinen mehrsprachigen indianischen Mitarbeitern suchte Boas auch die Unterstützung einer anderen Kategorie mehrsprachlicher Sprecher: derjenigen, die Englisch als Muttersprache hatten, doch in einem indianischen Stamm »akkulturiert« und in der Lage waren, eine nicht-europäische Sprache zu sprechen. Als er am American Museum of Natural History in New York arbeitete (1895-1905), griff er auf die Dienste eines Walboot-Kapitäns zurück: dem in Québec von britischen Eltern geborenen George Comer, der ab 1893-1894 innerhalb von zwanzig Jahren sechs Winter bei den Inuit der Hudson Bay verbrachte. Nachdem Boas eine Reihe an Objekten erstan-

184 Ders. 1888, S. 220.
185 Dürr 1992, S. 109.

den hatte, die Comer dem Museum angeboten hatte, beauftragte Boas ihn, eine große Anzahl von Inuit-Artefakten zu sammeln. Boas war vor allem von den Objekten beeindruckt, die Comer von einem Aufenthalt bei den Salermiut auf Southampton Island mitgebracht hatte, einem »völlig unkontaminierten« Inuit-Stamm, dessen Erzeugnisse Boas in diesem Sinn als besonders »primitiv« einschätzte.[186] Natürlich bat Boas Comer auch, seine Sprachkenntnisse einzusetzen, um seinem jeweiligen Gegenüber bei den Inuit Fragen zu stellen. Doch die formelle Methode des Interviews störte den Walfangkapitän; er zog es vor, die gewünschten Informationen durch informelle Gespräche zu erhalten, bei denen die Inuit nicht die Position des Informanten, sondern die des Gesprächspartners einnahmen. Er selbst teilte mit den Inuit Erzählungen und Erklärungen aus seiner eigenen Kultur: »Manche Eingeborene kommen jeden Abend in meine Hütte und ich beschreibe ihnen die Welt draußen, die Aktivitäten der Weißen, und ich erzähle ihnen Geschichten aus der Bibel oder aus der Antike. Auf diese Weise ist es mir gelungen, dass auch sie mir viele Geschichten über ihre Bräuche und Traditionen erzählen, die ich in einem speziellen Heft notiere« (7. März 1912). Der entscheidende Punkt ist, dass Comer die gesammelten Aussagen in einem Tagebuch notierte.[187] Boas gegenüber verschwieg er allerdings, dass er auf diese Weise arbeitete. Er entdeckte so auch das Interesse der Inuit für grönländische Sagen, die er ihnen ausgehend von Rasmussens Buch *The People of the Polar North*[188] auf Inuktitut übersetzte. Zwischen 1897 und 1899, während eines 27-monatigen Aufenthaltes bei den Inuit, schrieb er auf Boas' Bitte hin »alle Traditionen der verschiedenen Stämme« nieder. Zur selben Zeit heuerte Boas einen neuen Informanten, ebenfalls Walfänger, an: den Schotten James S. Mutch, den er

186 Brief von Boas an Frederic Ward Putnam, 21. Oktober 1899, Archiv des AMNH (1899-54), zit. von Ross 1984, S. 148.

187 Mehrere Hefte, die verschiedenen Expeditionen entsprechen und von der ersten Expedition an (1893-1894) geführt wurden, sind erhalten. Einzusehen sind sie in der Sammlung der G. W. Blunt White Library in Mystic (Conneticut).

188 Vgl. Ross 1984, S. 151 f. Der Hinweis auf Rasmussens Buch ist im Eintrag vom 17. Februar 1912 in Comers Tagebuch zu finden.

auf seinem ersten Feld am Cumberland Sound kennengelernt hatte. Auch ihn beauftragte er damit, sowohl Artefakte als auch Sagen und Gesänge zu sammeln. Boas ließ die handschriftlichen Notizen seiner beiden Informanten daktylografieren, damit jeder die Arbeit des anderen lesen konnte. Auch ließ er ihnen sein Buch *The Central Eskimo* zukommen, damit es ihnen als »Vorbild« diente. Er wollte sie mit diesem Vorgehen dazu ermutigen, die Besonderheiten ihres jeweiligen Feldes besser zu erfassen. Aus dieser Zusammenarbeit zu dritt entstand 1901 der Band *The Eskimo of Baffin Land and Hudson Bay.*[189] Mit dieser Dreierkonstellation und dem Gegenlesen der Aufzeichnungen gedachte Boas, alles Einseitige und Subjektive in den Aufzeichnungen jedes einzelnen Beobachters korrigieren zu können. Die Individualität des Informanten stellte eine Verzerrung dar, die es idealerweise aufzuheben galt.

Der Status des »eingeborenen Ethnografen«

Generell neigte Boas dazu, biografische Einzelheiten zu seinen Mitarbeitern eher sparsam preiszugeben (die ausgiebige Beschreibung von Charles Cultees Mehrsprachigkeit bildete Michael Dürr zufolge eine »Ausnahme«[190]). Diese Neigung zeigt sich auf relativ frappierende Weise, wenn man die Vorworte der von Boas veröffentlichten Textsammlungen, die oft sehr wortkarg in Bezug auf seine Informanten sind, mit der Einleitung seines Schülers Edward Sapir zur Ausgabe der *Wishram Texts* vergleicht, die Letzterer 1909 veröffentlichte. In der kurzen Darstellung gibt Sapir zunächst den genauen Ort (das Yakima-Reservat) und den Zeitpunkt (Juli-August 1905) der Erhebung an. Nachdem er klargestellt hat, dass er selbst den größten Teil der Texte erhoben und editiert hat, erwähnt er den Namen eines Mitarbeiters, der ihm weitere Texte geliefert hat, seinen »Halbblut-Dolmetscher« Pete McGuff. Wie vor ihm Boas mit Hunt hatte Sapir McGuff die phonetische Methode beigebracht, damit er von vornherein die Texte »in einer

189 Vgl. ebd., S. 152f.
190 Dürr 1992, S. 108.

streng phonetischen Form« transkribieren konnte. Sapir nannte auch ganz ausdrücklich seine Geldgeber: neben dem Bureau of American Ethnology auch einen privaten Mäzen aus New York, George Heye, der in enger Verbindung zu Boas stand, welcher ihm für das Projekt eines »Privatmuseums« gelegentlich Objektsammlungen verkauft hatte. Sapir gab dann an, dass die Wishram-Sprache, die seine Publikation bekannt machen sollte, nur noch von einigen wenigen Sprechern gesprochen wurde und dass die vor allem aufgrund ihrer komplexen Phonologie »als sehr schwierig geltende« Sprache selbst für Indianer, die in dem betroffenen geografischen Gebiet lebten, nur schwer zugänglich war. Auch gab er die (englischen und indianischen) Namen der Personen an, von denen er und Pete McGuff die Erzählungen gehört haben, und stellte seine beiden wichtigsten Informanten für diese Textsammlung, den Wishram-Indianer Louis Simpson und seinen Mitarbeiter Pete McGuff, vor:

> »Ein paar Worte in Bezug auf Louis Simpson und Pete McGuff mögen nicht fehl am Platz sein. Louis Simpson ist ein gutes Beispiel für den älteren Typ des Wishram-Indianers, der mittlerweile im Aussterben begriffen ist. Er ist von kurzer und stämmiger Statur, hat O-Beine vom ständigen Reiten, ist ungefähr siebzig oder fünfundsiebzig Jahre alt und von ungeduldigem und etwas eigenwilligem Temperament. Er ist äußerst gesprächig und hat jene Gewinnsucht und Neigung zum Feilschen, die schon die ersten europäischen Reisenden den Indianern um The Dalles vorwarfen; trotz allem hat er sich als liebenswerte Person erwiesen, was vor allem an seinem ausgeprägten Sinn für Humor liegt. Er beherrscht Wishram, Klickitat und den Chinook-Jargon, sein Englisch hingegen ist äußerst gebrochen und manchmal kaum zu verstehen. Oberflächlich betrachtet hat er sich zur Lebensweise der Weißen bekehrt; er ist, mit anderen Worten, ein »zivilisierter« Indianer: Er lebt in einem festen Haus, baut Weizen und Heu an, die er verkauft, kleidet sich wie ein Weißer und ist theoretisch Methodist. Seinem Denken nach ist er jedoch in jeder Hinsicht ein unverfälschter Indianer. Er glaubt insgeheim an die Wahrheit aller Legen-

den, die er erzählt, egal wie kindisch oder unanständig sie erscheinen mögen. Er hält Coyote trotz seiner lächerlichen oder lasziven Wesenszüge für höchst respektabel und ist stark geneigt, den Christus der Weißen mit ihm zu identifizieren, da sowohl er als auch Coyote vor langer Zeit lebten und auf dieser Welt erschienen sind, um das Los der Menschheit zu verbessern. Auf einem Punkt hat Louis immer mit großem Nachdruck bestanden: Die Legenden, so wie er sie erzählte, seien nicht von ihm selbst erfunden worden, sondern von je her überliefert und dürften damit als Wahrheit gelten. Pete McGuff hingegen ist ein typischer Vertreter der jüngeren Indianer-Generation, obwohl er nur ein Halbblut ist (sein Vater war ein Schwarzer, seine Mutter eine Vollblutindianerin). Da er einen Großteil seines Lebens bei den Wishram gelebt hat, spricht er deren Sprache fließend. Der lange Kontakt, den er in seiner Kindheit mit den Cascades-Indianern am Columbia River hatte, erklärt einige nicht-wishramsche phonetische Eigenheiten, die das von ihm erhaltene Sprachmaterial aufweist. Er hat selbstverständlich nicht dieselbe Einstellung gegenüber der alten indianischen Lebensweise und nicht denselben Glaube an die Wahrheit der Legenden wie ein Mann wie Louis Simpson. Doch obwohl er die Rationalität eines weißen Mannes besitzt, ist er dennoch keineswegs bereit, die Vorstellungen der Indianer in Bezug auf Medizinmänner und Schutzgeister als belanglos abzutun. Er ist in der Schule der Agentur [für indianische Angelegenheiten] ausgebildet worden, liest und schreibt gut Englisch und beweist im Allgemeinen eine bemerkenswerte Intelligenz.«[191]

Dieser lange Auszug ist ein erhellendes Beispiel für ein Modell, dem Boas sich selbst verweigerte: Sapir gibt hier Fakten über die Umstände der Erhebung der von ihm editierten Texte preis, und nimmt es damit sozusagen hin, den limitierten Charakter – limitiert in Zeit und Raum – des gesammelten Sprachguts einzugestehen und es mit der Subjektivität eines Informanten zu assoziieren, während er gleichzeitig die der Position des Informanten inhärenten Widersprüche und Ambiguitäten auf-

191 Sapir 1909, S. xi-xii.

zeigt. In dem Porträt, das er von seinen Informanten liefert, vermischen sich die Fakten mit Werturteilen, gegen die Sapir sich nicht zu wappnen scheint. Für Boas hingegen spielte, weitaus stärker als für Sapir, das Gebot der Wertfreiheit, das Max Weber einige Jahre zuvor, ab 1904, in der sozialwissenschaftlichen Forschung zu etablieren versucht hatte, eine wichtige Rolle. Boas ging mit den Angaben zu seinen Informanten deshalb sehr sparsam um, weil er befürchtete, dass eine allzu detaillierte Beschreibung unbeabsichtigte Verzerrungen einführen könnte. Doch diese methodologische Vorsichtsmaßnahme setzte ihn wiederum der Gefahr einer anderen Verzerrung aus: der Verallgemeinerung des individuellen Diskurses, wenn dieser nicht als eine in Zeit und Raum verortbare Aussage, sondern als zeitloses Zeugnis einer »Sprache« dargestellt wurde.

Judith Berman hat festgestellt, dass Boas Hunts in der ersten Person geschriebenen Erzählungen – etwa die Beschreibung der Wintertanz-Zeremonie 1894 in Fort Rupert, an der er und seine Familie teilgenommen hatten, oder die Schilderung seiner Hochzeit mit seiner ersten Frau Lucy – in unpersönliche Berichte und völlig anonyme Texte in der dritten Person umgewandelt und sie als Modelle von »Kwakiutl«-Wintertänzen oder -Hochzeiten dargestellt hat. Nach den Motiven einer solchen Fälschung suchend, hat Berman die Möglichkeit einer Angst vor Repressalien ins Feld geführt, die mit dem Verbot des Potlatchs zusammenhängen könnte.[192] In *The Religion of the Kwakiutl* (1930) behält Boas einen Ich-Erzähler bei, verschweigt allerdings Hunts Identität in der ersten Erzählung mit dem Titel »Ich wollte die Wege der Schamanen lernen«, jenem »Fragment einer Eingeborenenbiografie«, für das Lévi-Strauss ein reges Interesse zeigte.[193] Steht diese Dekontextualisierung nicht im Widerspruch zu Boas' Forderung, rohe Daten (*raw data*) zu erheben, sie ohne Kommentar oder Deutung und mit einer möglichst wortgetreuen Übersetzung zur Verfügung zu stellen? Hatte Boas' Vorhaben, jegliche »Verzerrung« zu ver-

192 Berman 1996, S. 230.

193 »Der Zauberer und seine Magie (Le sorcier et sa magie, 1949)«, in: Lévi-Strauss 1967, S. 183-203, hier S. 192.

meiden und die von den Indianern auf bestimmte Punkte gelegten »Akzente« zu berücksichtigen, die für außenstehende Beobachter nicht ersichtlich waren, nicht eine Transparenz zur Voraussetzung, die weder der indianische Diskurs noch der Diskurs der Ethnologen besaßen? Michael Dürr erkennt bei Boas eine problematische Neigung zur Beseitigung der soziologisch relevanten Unterschiede in den Texten, ihrer Entstehung und ihren Anwendungen. Er schreibt, dass Boas in seinem Band *Indianische Sagen von der Nord-Pacifischen Küste Amerikas* von 1895 in vielen Fällen die »Rahmenerzählung« weggelassen hat, die Auskunft über die Funktion der Legende gibt (die oft darin besteht, »die Erlangung von Wappen und Maskentänzen durch bestimmte Familien zu legitimieren«[194]). Demgegenüber erwägt Dürr bei Hunt die Möglichkeit einer »übersteigerten« Sicht auf den Wettbewerb um Prestige und sozialen Status innerhalb der Kwakiutl-Gesellschaft, die auf Hunts persönliches Streben nach sozialer Anerkennung zurückzuführen wäre.[195] Allgemein ist bei Boas ein Hang zur »dekontextualisierten« Präsentation der Texte offenkundig, wie Richard Baumann und Charles L. Briggs festgestellt haben.[196]

Derartige Fragestellungen waren Boas selbst jedoch nicht fremd, und es wäre falsch, ihm jede Form von Reflexivität in Bezug auf die Verzerrungen seiner Untersuchungen abzusprechen und ihm eine unbefangene Ignoranz gegenüber den Auswirkungen von Umschreibungsphänomenen anzulasten, denen er an anderer Stelle, in seiner Untersuchung der Mythen-Verbreitung und -Variationen, so viel Aufmerksamkeit schenkte. Insbesondere stellte er fest, dass seine eigenen Publikationen – die er, wie erwähnt, als Modelle an seine Informanten schickte – auf direkte Weise, durch einen Spiegel-Effekt, den Inhalt später erhobener Texte beeinflussten. Auch führte die Vorstellung, die sich die »eingeborenen Ethnografen« von der Voreingenommenheit der Weißen gegenüber der »Unverblümtheit« mancher Texte machten, zu einer Art Eigenzensur, die darin bestand, eine spätere Entwertung durch den Übersetzer (bzw.

194 Dürr 1992, S. 114.
195 Ebd., S. 111.
196 Baumann/Briggs 2003, S. 281.

durch Boas selbst, welcher anzügliche Passagen in seinen Übersetzungen abzumildern pflegte) vorwegzunehmen:[197]

> »Mr. Tate sah sich gezwungen, bestimmte Wesenszüge der Mythen seines Volkes, die ihm für uns unpassend erschienen, wegzulassen, und es besteht kein Zweifel daran, dass die Legenden in dieser Hinsicht kaum mehr dem alten Typus der Tsimshian-Überlieferungen entsprechen. Auch sind ein paar Legenden ein klarer Beweis dafür, dass Mr. Tate einen Teil der Sammlung der Kwakiutl-Legenden gelesen hatte, die ich selbst unter Mitwirkung von George Hunt herausgegeben habe. Ein paar andere deuten auf seine Vertrautheit mit meiner Sammlung der Legenden vom Nass River hin. Als ich die Legenden erhielt, machte ich ihn auf die Notwendigkeit aufmerksam, sich streng an die Form zu halten, in der die Überlieferungen von den Tsimshian erzählt werden; und der größte Teil von ihnen stellt ganz offensichtlich eine getreue Aufzeichnung der Form dar, in der die Geschichten in diesem Volk überliefert werden. Bei allen Stämmen im Norden British Columbias sind christliche Einflüsse offenkundig sehr stark, und die Untersuchung des Korpus der von Dr. Swanton bei den Haida und Tlingit gesammelten Legenden zeigt ebenfalls sehr klar, dass die Grobheit der Texte deutlich abgemildert wurde. [...] Ich habe diese Erfahrung persönlich gemacht: Die Informanten zögerten, sich frei in der traditionellen Form auszudrücken, weil sie durch die Einschränkungen dessen, was wir für akzeptabel oder inakzeptabel halten, verunsichert waren.«[198]

Judith Berman bemerkt, dass die von Boas angefertigten Übersetzungen von Kwakiutl-Texten in der Regel genau waren, in Bezug auf das Verständnis und die Sprachkenntnis, und gleichzeitig ungenau in der Wiedergabe der »Metaphern« oder »sprachlichen Bilder«, die meistens durch einen »nicht-metaphorischen Ausdruck« ersetzt wurden.[199] Zum Beispiel fügte

197 Dürr 1992, S. 114.

198 Boas 1916, S. 31.

199 Berman 1996, S. 246. Doch in *Race, Language and Culture* (1940) reproduziert Boas unter den fünf Texten des Abschnitts ›Sprache‹ einen Artikel von 1929 zu den »Metaphorische[n] Ausdrücke[n] in der Sprache der Kwakiutl-Indianer«.

Boas das Wort »Potlatch« an Stellen ein, an denen Hunt es in seinen eigenen Übersetzungen nicht benutzte. Boas' Eingriffe in Hunts Manuskripte können mit denen in Verbindung gebracht werden, die er an den Fotografien, die seine Arbeit illustrierten, vornahm. Die Fotografien, die Boas während seiner Aufenthalte an der Nordwestküste anfertigte bzw. anfertigen ließ, erfuhren bei ihrem Abzug auf Papier mitunter erhebliche Veränderungen, wie etwa die Wegretuschierung des Hintergrunds oder die Veränderung des Bildausschnitts. Dasselbe gilt für die Fotos, die 1893 auf der Weltausstellung in Chicago entstanden und 1897 in *The Social Organization and the Secret Societies of the Kwakiutl Indians* abgedruckt wurden. In der Monografie ist auf einer Tafel, die den Tanz eines Mitglieds des Geheimbundes Hamatsa zeigt, ein Mann vor einem offenkundig unscharf gemachten Hintergrund abgebildet. Das Originalfoto zeigt dieselbe Person, vor einer Reihe von Kwakiutl-Männern und -Frauen stehend, die vor einem hellen Laken sitzen, über dem im Hintergrund das Dach einer Fabrik herausragt. Solche Aufnahmen, bei denen »störende« Elemente in der veröffentlichten Version nicht mehr auftauchen, werden mit den tatsächlich im Feld aufgenommenen Fotografien auf eine Ebene gestellt; die Retuschen werden in den Bildunterschriften systematisch verschwiegen. Diese Praktiken zeugen von Boas' spezieller Haltung zum fotografischen Bild, welchem er die Detailgenauigkeit und Lesbarkeit einer Zeichnung (oder eines Stichs) vorzog.[200] Für den Anthropologen waren Abbildungen argumentativ gedacht und konnten daher zu Demonstrationszwecken verändert werden. Die wissenschaftliche Gültigkeit eines Bildes beruhte demnach nicht auf seinem »ursprünglichen« Charakter, von dem Boas ebenso wenig ausging wie von der vermeintlichen Objektivität mechanischer Aufnahmetechniken.

In Bezug auf die 1916 veröffentlichten Tsimshian-Legenden (*Tsimshian Mythology*) erklärte Boas, dass sie dazu bestimmt waren, eine »Beschreibung der Lebensweise, der Bräuche und der Vorstellungen der Tsimshian« zu liefern. Er fügte hinzu, dass das Material »in gewisser Weise eine Autobiografie des

200 Joseph 2013, S. 155-173.

Stammes darstellte«.[201] 1935 kommt er im Vorwort zu *Kwakiutl Culture as Reflected in Mythology* auf das »autobiografische« Modell der Sammlung von 1916 zurück: »Die Legenden enthalten zweifelsohne alles, was in den Augen der Erzähler interessant ist«. Sie galten demnach als Zeugnisse, die frei von der Subjektivität des Anthropologen – und auch der des Erzählers – waren. In einem posthumen Artikel lieferte Boas eine methodologische Klarstellung zu den indigenen Autobiografien, die seit der 1926 erschienenen Ausgabe von Paul Radins *Crashing Thunder* in der ethnologischen Disziplin nicht zuletzt unter Boas' eigenen Schülern sehr beliebt war: »Die besseren von ihnen geben uns wertvolle Informationen über die Schwierigkeiten des alltäglichen Lebens und die Freuden und die Sorgen eines Volkes. Doch abgesehen von sehr elementaren Punkten ist an ihrer Zuverlässigkeit zu zweifeln. Denn es sind nicht Fakten, sondern Erinnerungen, und noch dazu Erinnerungen, die durch die Wünsche und Gedanken des Augenblicks verzerrt sind.«[202] Boas sah in einem solchen Material nur dann einen Nutzen, wenn man in der Lage wäre, »eine ausreichende Vielfalt individueller Erzählungen«[203] zu sammeln.

201 Boas 1916, S. 393.
202 Boas 1943b, S. 334.
203 Ebd.

Zweiter Teil: Der Anthropologe und seine Sprachobjekte

Der zentrale Stellenwert, der in Boas' ethnografischer Arbeit – und laut Regna Darnell in der amerikanischen Anthropologietradition im Allgemeinen – den Texten zukommt, kann als einer der charakteristischsten Wesenszüge dieser wissenschaftlichen Produktionen angesehen werden. Doch besaß die Entscheidung, einen Großteil seiner persönlichen und gemeinschaftlichen Forschungen und Publikationen der Textedition zu widmen, für Boas nicht von vornherein jene Evidenz, die man im Nachhinein rekonstruieren kann. In der Tat arbeitete er anfangs eng mit musealen Einrichtungen zusammen: zuerst mit dem Museum für Völkerkunde in Berlin, später dem American Museum of Natural History in New York. Die Schlüsselrolle, die die Lehre und insbesondere die Weitergabe seiner sprachwissenschaftlich fundierten Methode in seinem Berufsleben spielten, darf nicht vergessen machen, dass Boas auch als Kustos tätig war und einen wesentlichen Beitrag zur Entstehung des Begriffs der »materiellen Kultur« geleistet hat. Der erste Abschnitt dieses zweiten Teils widmet sich der Frage, wie sich bei Boas nach und nach das Primat der Texte durchsetzte, obwohl er von einem groß angelegten wissenschaftlichen Projekt ausgegangen war, in dem sprachliche Erhebungen nur eine Teilaufgabe neben vielen anderen darstellten und das in erster Linie auf die Akkumulation von materiellen Artefakten und von Messdaten im Bereich der physischen Anthropologie und weiterer, nicht auf »Kultur«-Wissenschaften zu reduzierender Wissenschaften abzielte. Im Anschluss an die Rekonstruktion seiner allmählichen, doch niemals weder exklusiven noch eindeutigen Fokussierung auf die Texte versuchen wir, den Begriff des »sprachlichen Unbewussten« zu umreißen: Claude Lévi-Strauss zufolge die wesentlichste wissenschaftliche Errungenschaft der Boas'schen Auseinandersetzung mit indianischen Texten – und ab ihrer beider Begegnung 1942 in New York das wichtigste Erbe für seine eigene Arbeit.

Von der »materiellen Kultur« zum Primat der Texte[1]

Boas und das New Yorker Museum für Natural History

Von 1896 bis 1905 war Boas als wissenschaftlicher Assistent am American Museum of Natural History in New York tätig. Er spielte dort eine entscheidende Rolle für die Erweiterung der »Nordwestküste«-Sammlungen, die vor allem durch die Jesup-Expedition in den Nordpazifik (1897-1902) durch zahllose Objekte angereichert wurden. Auf dieser Expedition von nie dagewesenem Ausmaß, die Boas an die Spitze eines internationalen und interdisziplinären Teams stellte, wurden die Regionen von Ostsibirien über die Beringstraße bis hin zum äußersten Nordwesten des amerikanischen Kontinents erforscht. Allein für die Nordwestküste stellen die Objekte der Jesup-Expedition noch heute die Hälfte der im Museumsinventar verzeichneten 16.000 »Artefakte« dar.[2] Die Konkurrenz unter den amerikanischen Museen – Privatmuseen inbegriffen – und die steigende Nachfrage der Sammler führten zu einem regelrechten Wettbewerb im Feld, bei dem mehr auf dem Spiel stand als die dringende »Rettung der Kulturen«.

Zehn Jahre zuvor, in Berlin, hatte Boas ein Jahr lang (1885-1886) am Königlichen Museum für Völkerkunde gearbeitet. Seine Aufgabe war die Katalogisierung der Objekte von der amerikanischen Nordwestküste gewesen, die der Schiffskapitän Jacobsen dem Museum verkauft hatte (die Objekte waren zwischen 1881 und 1883 in Alaska und British Columbia zusammengetragen worden). Laut einer 1909 veröffentlichten Erzählung war seine »unwiderstehliche Anziehung« für das »reiche Gedankengut«, das diese Objekte zu bergen schienen,

1 Der folgende Abschnitt basiert – mit einigen Änderungen – auf einem 2017 veröffentlichten Artikel: Franz Boas, le Musée d'Histoire Naturelle de New York et la galerie de Dresde (Kalinowski 2015).

2 Siehe Kendall/Krupnik 2003, S. 4.

ausschlaggebend für seinen eigenen Aufbruch nach British Columbia und seinen ganzen weiteren Werdegang:

> »Zu dieser Zeit kamen die umfangreichen Sammlungen, die der Kapitän Adrian Jacobsen in British Columbia und Alaska zusammengetragen hatte, in Berlin an und mussten katalogisiert und in dem neuen Museumsbau untergebracht werden. Meine Eskimo-Forschungen hatten meine Aufmerksamkeit auf die Beziehungen gelenkt, die dieser spezielle Stamm mit seinen südlichen Nachbarn unterhielt, und ich war anfangs stark beeindruckt von der zügellosen Vorstellungskraft, die in den Kunstwerken der Indianer von British Columbia zum Ausdruck kam, verglichen mit der strengen Schlichtheit der östlichen Eskimo. Die fragmentarischen Notizen des Kapitäns Jacobsen ließen erahnen, welch reiches Gedankengut hinter den grotesken Masken und den aufwändig verzierten Werkzeugen dieser Stämme verborgen lag.«[3]

In demselben Text bezeichnete Boas seinen Aufenthalt in der »inspirierenden Umgebung« des Berliner Museums als »Glücksfall«. Er erwähnte in diesem Zusammenhang seine »enge Freundschaft« mit Albert Grünwedel (1876-1935), dessen »künstlerisches Temperament« einen »bleibenden Eindruck« auf ihn gemacht hatte, und auch den »wendigen Geist« von Felix von Luschan (1854-1924) oder das »ausgezeichnete Verständnis« des Sinologen Wilhelm Grube (1855-1908).[4] Nach seiner Übersiedlung hielt er regelmäßig Kontakt zu seinen ehemaligen Kollegen und anderen Wissenschaftlern, insbesondere Karl von den Steinen (1855-1929) und Eduard Seler (1849-1922). Die noch unveröffentlichte, ununterbrochene freundschaftliche Korrespondenz zwischen Boas und von den Steinen erstreckte sich über mehr als 35 Jahre (1893-1929[5]). Auch Adolf Bastian (1826-1905), der bis zu seinem Tod

3 Boas 1909b, S. 308.

4 Vgl. ebd., S. 307.

5 Die berufliche Korrespondenz zwischen den beiden Männern, mit oft sehr persönlichem Tonfall und auf Deutsch (von den Steinen) und Englisch geschrieben, wird in verschiedenen Archiven aufbewahrt: im American Museum of Natural History (AMNH), für die Periode, in der Boas dort angestellt war (1896-1905), und in der American Philosophical Society (APS) in Philadelphia für die restlichen Jahre. Sie umfasst mehr als einhundert Briefe.

Leiter des Berliner Museums für Völkerkunde war, erinnerte sich gern an Boas.[6] Dieser hatte ein Zeichenheft mit Aquarellen, die einige Masken der Jacobsen-Sammlung darstellten (von Grünwedel gezeichnet und heute in den Archiven des American Museum of Natural History aufbewahrt), mit in die Vereinigten Staaten genommen. Nachdem er in den USA Fuß gefasst hatte, fungierte er als Vermittler für zahllose Ankäufe von nordamerikanischen Objekten durch das Berliner Museum, selbst nach seiner Kündigung am New Yorker Museum. In Berlin wurde diese Sammlungsanreicherungspolitik von Karl von den Steinen verteidigt, der sich gelegentlich persönlich ins Feld begab, um Objekte zu erwerben.

Boas bedauerte, dass die indianischen Sammlungen der Nordwestküste in den Räumlichkeiten des American Museum of Natural History nicht adäquat präsentiert werden konnten: »Das Fehlen eines hohen Saals wie die große Halle des Museums für Völkerkunde in Berlin macht sich spürbar bemerkbar.«[7] Obwohl er keinesfalls parteisch war, hatte der Emigrant nicht aufgehört, die deutschen museografischen Standards als eine Exzellenznorm anzusehen, die in den Vereinigten Staaten noch nicht übertroffen wurde. Zu einer Zeit, in der erstmals eine Renovierung des Berliner Völkerkundemuseums in Betracht gezogen wurde (abgeschlossen wurde sie jedoch erst 1926), war das New Yorker Museum nicht wirklich ein Vorbild. Im Sommer 1898 hatte Boas mehrere Monate auf dem europäischen Kontinent verbracht und die großen Museen Nordeuropas (Dresden, München, Amsterdam, Haarlem, Leiden, London, Bremen, Hamburg und Braunschweig) bereist, um deren Ausstellungstechniken zu untersuchen und gegebenenfalls einen Tausch von Objekten in die Wege zu leiten.[8] Er

6 In einem Brief vom 17. Juli 1903 schrieb Karl von den Steinen an Boas: »Bastian ist wieder da. Etwas kleiner geworden, sonst unverändert. [...] Er erkundigte sich lebhaft nach Ihnen, er liebt sie sehr, Ihre Eskimos haben eine Menge Elementargedanken.« (APS-Archiv) Noch 1915 dachte von den Steinen in einem Brief an Boas an den zehn Jahre zuvor verstorbenen Bastian: »vorgestern wäre Bastian 90 geworden«. (Brief vom 28. Juni 1915, APS-Archiv).

7 Franz Boas, Brief an Karl von den Steinen, 9. Mai 1900 (AMNH-Archiv).

8 Vgl. Cole 1999, S. 217.

äußerte sich nicht zur Verteilung der verschiedenen Sektionen innerhalb des American Museums of Natural History, ebenso wenig zum Platz der Ethnologie in diesem Ensemble, und beanspruchte für seine Disziplin keine besonderen Privilegien. Anders als andere deutsche Wissenschaftler, die zu dieser Zeit eine institutionelle Schlüsselrolle in den USA innehatten,[9] sah er die Umstrukturierung des Museums nicht unter dem Blickwinkel der Hierarchisierung der Disziplinen, deren Pyramidenstruktur sich im Museumsplan widerzuspiegeln hätte. Sein Verständnis der Beziehungen zwischen den im Museum vertretenen Wissenschaften beruhte vielmehr auf einem Paradigma horizontaler Wechselwirkungen.

1907, als er bereits nicht mehr am American Museum of Natural History angestellt war, veröffentlichte Boas in der Juni-Ausgabe der Zeitschrift *Science* seine Überlegungen zur Museumsorganisation und den möglichen Artikulationen zwischen den drei großen Funktionen eines Museums: Freizeit (als »gesunde« Alternative zu Saloon), Bildung (für ein schulisches Publikum) und Förderung der wissenschaftlichen Forschung. Er ging in seinem Text recht ausführlich auf das New Yorker Museum ein, das zu diesem Zeitpunkt über 18 Säle und 6 Galerien verfügte, mit Grundflächen von 2500 bis 3000 m^2 für Erstere und 1200 bis 1500 m^2 für Letztere. Die Architektur des Museums begünstigte Boas zufolge ausdrücklich den Publikumsempfang gegenüber der Forschungsarbeit: Im Vergleich zu den Flächen, die den öffentlich zugänglichen Ausstellungen zugeeignet waren, stand den Studiensammlungen proportionell weitaus weniger Platz zur Verfügung. Zum Vergleich zog Boas das Zoologische Museum in Berlin heran, »eines der raren Gebäude, in dem der Versuch unternommen wurde, die Ausstellungssammlungen von den [für das breite Publikum

9 Wolf Feuerhahn hat den Fall von Hugo Münsterberg (1863-1916) untersucht, einen aus Deutschland emigrierten Philosophie-Professor in Harvard, der den Universitätscampus um die Philosophische Fakultät herum neu organisieren wollte; vgl. Feuerhahn 2010. Am Vorabend der Tagung in Saint-Louis kritisierte Boas die Megalomanie von Münsterberg, »dessen offen eingestandenes Ziel es war, Berühmtheiten aus allen Nationen kommen zu lassen, um seine Epistemologie zu diskutieren« (Brief von Boas an von den Steinen, 4. November 1903, APS-Archiv).

nicht zugänglichen] Studiensammlungen zu trennen«, und wo der Raum für Letztere doppelt so groß war wie der für die öffentlichen Ausstellungen.[10] Eine Lösung wie die in Großbritannien entwickelte und vom Museum für Völkerkunde in Berlin umgesetzte – die Auslagerung der Studiensammlungen in außerhalb des Stadtzentrums gelegene und damit kostengünstigere Räumlichkeiten – war für das New Yorker Museum, das sich entschlossen hatte, sämtliche Aktivitäten unter einem Dach zu vereinen, nicht denkbar.

Boas bemerkte nicht ohne Humor, dass die »Vulgarisierung der Wissenschaft im Laufe der letzten Jahre zu einer Art Schibboleth geworden [war]«. Dennoch sperrte er sich nicht dagegen, sich mit dieser Frage auseinanderzusetzen und seine Ansichten zum bestmöglichen Publikumsempfang mitzuteilen. Auch an dieser Stelle kritisierte er die Einrichtung der Säle des New Yorker Museums of Natural History: Sie würden mit ihrer »beeindruckenden Architektur« zwangsläufig »den Besucher ablenken«, der, »kaum dass er sich einem Exponat gewidmet hat, schon den nächsten Saal sehen« wollte und damit unmöglich »seine Aufmerksamkeit auf ein bestimmtes Objekt lenken« konnte.[11] Man brauche nur die Besucher der Catlin Hall im United States National Museum in Washington zu beobachten, einem Saal, in dem verschiedene indianische Völkergruppen dokumentiert waren, um festzustellen, dass das Interesse der Besucher nach der ersten Gruppe, der sie noch mit Neugier begegnet waren, gegenüber allen folgenden Gruppen spürbar abnahm.[12] Um eine solche Zerstreuung zu vermeiden, suggerierte Boas, dass bestimmte museologische Entscheidungen geeigneter wären, um die »Konzentration« der Besucher zu fördern: eine Selektion »besonders eindrucksvoller Exemplare« in begrenzter Anzahl (ein prähistorisches Skelett oder eine einzige Gruppe von Vögeln anstatt mehrerer Skelette oder mehrerer Vogelserien) sowie die Einrichtung der Säle mit Fokus auf einige wenige Objekte, ganz wie in einem »Heiligtum«. Im Kopf hatte Boas dabei das berühmteste unter

10 Boas 1907, S. 932.
11 Ebd., S. 922.
12 Ebd., S. 925.

den deutschen Kunstmuseen, die Gemäldegalerie in Dresden: »All jene, die im Dresdner Museum den Raum gesehen haben, in dem die Sixtinische Madonna untergebracht ist, werden verstehen, was ich meine. In diesem Raum gibt es nichts, das die Aufmerksamkeit der Betrachtenden von dem einzigen Exponat abbringen kann. Folglich ist der Raum ein Heiligtum.«[13] In den Vereinigten Staaten hatten einige Ausstellungen, darunter die des Brooklyn Museums, sich diesem Ideal »von seltener Schönheit und Exzellenz« annähern können. Für Museen mit pädagogischem Ansatz, die ihre Aufgabe in der Bildung von Schülerinnen und Schülern sahen, empfahl Boas ebenfalls Einrichtungen von kleineren Ausmaßen, da allein diese die »Konzentration« begünstigten. Er vertrat in dieser Hinsicht eine klassische Konzeption einer an das breite Publikum und an ein Schulpublikum gerichteten Museologie, die auf dem Modell des ästhetischen Kultes einer begrenzten Anzahl ausgewählter Objekte beruhte. Ob in einem gigantischen Saal, wie dem des Berliner Museums für Völkerkunde, oder in kleineren Räumen, wie dem der Gemäldegalerie in Dresden: wesentlich war es, eine frontale Begegnung zu erzeugen zwischen dem Betrachtenden und einem Artefakt, das dieselbe Emotion und denselben Respekt hervorrufen sollte wie ein Kunstwerk. Für den Empfang des breiten Publikums sollte museologisch, »alles darauf ausgerichtet sein, den Eindruck der Würde und der Distanz gegenüber dem Alltagsleben zu verstärken. In einem dem Publikum zugänglichen Raum sollte kein Staubwischen, kein Aufwischen, kein Herumrücken von Kisten erlaubt sein«,[14] um die Aufmerksamkeit der Besucher nicht zu beeinträchtigen.

Im Gegensatz zu diesen außerordentlich selektiven Ausstellungsprinzipien, die den Hebel des Sensationellen und der Ästhetisierung bedienen sollten, gründete Boas die Funktion der Forschungsabteilungen der Museen auf einer völlig anderen Logik: einer Logik der Akkumulation. Von den Forschern erwartete er die entgegengesetzte Haltung zu derjenigen, die er bei den sonntäglichen Besuchern und Schulkindern beobach-

13 Ebd., S. 922.
14 Ebd., S. 932.

tete: von den rasch »überdrüssigen« Laien sollten sie sich durch ihre Fähigkeit abheben, mit ausgesprochener Geduld eine Vielzahl von Exemplaren zu beobachten und selbst der kleinsten Unterschiede gewahr zu werden. Die Notwendigkeit, über große Flächen zu verfügen, um möglichst viele Exemplare ausstellen zu können, entsprach für den Anthropologen einem Forschungsimperativ, der im epistemologischen Rahmen der Naturwissenschaften verankert war: Die Akkumulation von Objekten aus dem Feld zielte nicht nur darauf ab, Zeugnisse von Kulturen zu bewahren, deren drohendes Verschwinden von Boas und den meisten zeitgenössischen Ethnologen angekündigt wurde (Boas gab einer seiner großen Feldexpeditionen den Namen »*Vanishing Tribes*«), sondern auch darauf, einen »objektiven« Dokumentationsbestand anzulegen, der künftige Forschungen speisen sollte. Boas verstand sich selbst demnach als Archivar der indianischen Kulturen. Gerade weil die Kenntnis dieser Kulturen erst an ihrem Anfang stand, musste die Erhebungs- und Akkumulationsarbeit zunächst möglichst viele Exemplare vereinen, damit relevante Züge bestimmt werden konnten. Boas beteiligte sich an dieser Sammlungsdynamik persönlich, und als er sich selbst nicht mehr so oft ins Feld begeben konnte, übertrug er George Hunt die Aufgabe, Objekte zu sammeln und an das Museum zu schicken, z. B. sämtliche Objekte, die zum Kochen, zum Fischen, zum Jagen usw. benutzt wurden (Boas' gab diesbezüglich sehr präzise Anweisungen).[15]

Der Aufbau von Objektsammlungen war aus Boas' Sicht weitaus dringlicher als deren Deutung, der sich der Anthropologe mit großer Zurückhaltung näherte. Zusammentragen »ohne zu diskriminieren«, sammeln ohne auszuwählen, ausstellen ohne zu kommentieren – in seiner Wissenschaftsethik entsprach dies einer Öffnung der Zeitlichkeit der Wissenschaft in Richtung Zukunft, wo dieses Material viel vernünftiger un-

15 Vgl. den Brief von Boas an George Hunt, 13. Januar 1899 (AMNH-Archiv): »Das Beste, was Sie tun können, wäre, sich hinzusetzen und zu überlegen, was die Indianer zum Kochen benutzen: alles, was von A bis Z benutzt wird. Und dann alles, was sie zur Holzbearbeitung benutzen, zum Malen, zur Herstellung von Körben, zum Fischen, zum Jagen …«.

tersucht werden konnte, als es zu jener Zeit, in der die wissenschaftliche Bearbeitung noch in den Kinderschuhen steckte, möglich war.[16] Solange der Ethnologe nicht in der Lage war, sich die Kategorien und Vorstellungen des untersuchten Volksstammes »einzuverleiben« und anzueignen (d.h. »das Denken einer Bevölkerung [zu] verstehen [...] ausgehend von deren Konzepten und nicht von unseren«[17]), musste er sich davor hüten, »typische« Objekte oder »repräsentative« Informanten zu finden. Die von ihm zusammengetragenen Daten waren »objektiv«, in dem Sinne, dass sie »immer für neue Analysen zur Verfügung standen«, da auf sie bezogene »Verallgemeinerungen« »auf ein Minimum reduziert«[18] waren. Dieser methodologische Anspruch erklärt auch den Umstand, dass Boas als einer der ersten Ethnologen neue Techniken wie z.B. den Fotoapparat oder den Phonographen einsetzte – auch wenn sie, wie wir gesehen haben, nicht gänzlich seiner Definition von »Objektivität« entsprachen, die vermeiden sollte, den Blick eines externen Beobachters aufzudrängen.[19]

Im Übrigen war das größte Hindernis für die Untersuchung der Daten nicht einmal die Projektion externer Kategorien auf indianische Objekte, sondern die Unfähigkeit, etwas zu beobachten bzw. die Schwierigkeit, *überhaupt* »etwas zu sehen«: Es handelt sich hier um dieselbe Problematik, die wir bereits im Kapitel zur »Tonblindheit« erläutert haben. Marian W. Smith, eine Schülerin von Boas, die über die Textilien der Inka arbeitete, erzählt von ihrer anfänglichen Ratlosigkeit, und wie es ihr gelang, ein signifikantes Merkmal zu entdecken: »Ich erinnere mich noch sehr genau, wie Boas sich freute, als es mir gelungen war, das Muster (*pattern*) eines Inka-Stoffs zu entdecken, der mir auf den ersten Blick nur ein Durcheinander von Elementen ohne jegliche Struktur zu sein schien.«[20] Boas' Forderung der Datenakkumulation hatte also nicht nur die Konservierung zum Ziel; sie entsprach vor allem der methodologischen Prämisse, dass die Untersuchung einer großen Anzahl von Objek-

16 Vgl. Smith 1959, S. 51.
17 Boas 1943a, S. 314.
18 Smith 1959, S. 51.
19 Vgl. Jacknis 1996, S. 196f.
20 Smith 1959, S. 52.

ten das »Herauslesen einer Struktur« ermöglichen würde, eine strukturale Erziehung des Auges, das allmählich in die Lage versetzt würde, eine Matrix anhand ihrer Variationen zu erkennen. Die Nähe zu einem anderen bedeutenden methodologischen Prinzip, das Boas seinen Schülern vermittelte, dem Erlernen der indianischen Sprachen, ist offensichtlich. Sei es in den Künsten, den gesprochenen Sprachen oder den Mythen: Boas vertrat das Prinzip der Akkumulation nicht nur zum Zweck der Konservierung und Bewahrung bedrohter Kulturen, sondern vor allem auch, damit Forscher lernen konnten zu sehen und zu hören. An der Columbia University bildete er eine Generation von Anthropologen aus, die geübt waren, die Grammatik der Sprachen aus eigener Kraft zu entwirren – eine »induktive« und extrem stimulierende Methode, wie Alfred Kroeber sie bezeichnete: »Boas' Methode glich in vielerlei Hinsicht der des Zoologen, der seine Studenten als Erstes an einen Seziertisch stellt, vor einen betäubten Frosch oder einen Wurm.«[21] Boas' Schüler sollten die grammatischen Strukturen aus Texten in Chinook, Eskimo, Klamath oder Salish eigenhändig zutage fördern: »Die grammatische Struktur war interessant, sie jedoch selbst zu entdecken war faszinierend.«[22] Zwischen der räumlichen Ausdehnung der Vitrinen voller Dokumentationsmaterial und der zeitlichen Ausdehnung des Erlernens der Strukturen, das sich zwangsläufig über Jahre erstreckte, bestand ein enger Zusammenhang.

Die Auseinandersetzung, die 1905 zu Boas' Kündigung am American Museum of Natural History führte, wird oft (verkürzt) als inhaltliche Uneinigkeit über den Zweck des Museums dargestellt: Boas' Priorisierung der Erfordernisse wissenschaftlicher Forschung sei nicht vereinbar gewesen mit dem Ziel der Vulgarisierung, das Hermon Bumpus, Morris Jesups Nachfolger in der Museumsleitung, vertrat. Diese Version der Geschichte ist nicht falsch. Tatsächlich sah Boas das in der Jesup-Expedition umgesetzte Modell einer groß angelegten Akquisitions- und Erhebungspolitik im Feld als das prägnanteste Modell musealer Aktivität an. Nach Abschluss der Jesup-Ex-

21 Alfred Kroeber zit. in Th. Kroeber 1970, S. 47.
22 Ebd.

pedition schwebte ihm eine noch viel größere Kampagne vor, die Südostasien, Persien, Indien, Tibet, aber auch arabische und afrikanische Länder abdecken sollte (womöglich nach dem Vorbild des Berliner Museums für Völkerkunde und berühmter Expeditionen, z.B. derjenigen, die 1902-1903 von Albert von Le Coq und Albrecht Grünwedel nach Zentralasien unternommen wurden). Das Projekt war jedoch nicht nur aufgrund fehlender Gelder zum Scheitern verurteilt. Bumpus stellte das Prinzip einer solchen Akquisitionspolitik selbst infrage, und zwar im Namen eines anderen Imperativs als des ökonomischen Realismus: Er war der Ansicht, dass die dringendste Aufgabe des Museums nicht darin bestand, seine Reserven anzureichern, sondern »die bereits vorhandenen Bestände angemessen zu präsentieren«.[23] Der Streit, der in Boas' Weggang gipfelte, hatte sich in der Tat nicht nur daran entfacht, dass Bumpus das Primat der wissenschaftlichen Forschung anfocht, sondern auch daran, dass er Boas' Fähigkeiten als Kurator und Ausstellungsmacher unverhohlen in Zweifel zog. Dieser Hintergrund der Trennung von 1905 wird seltener angeführt, ist jedoch nicht weniger bedeutsam. Morris Jesup selbst hatte seine Enttäuschung diesbezüglich in einem Brief an Boas zum Ausdruck gebracht:[24] Bei einem Rundgang durch die Ausstellungsräume schätzte er die von Boas in der Abteilung für Ethnologie der Nordwestküste gewählte Ausstellungsweise als »unbefriedigend« ein. Ihm zufolge mangelte es an »Beschriftungen und Kompositionen«, die es »einer Person von gewöhnlicher Auffassungsgabe wie [ihm] erlauben, beim Durchstreifen der Sammlung zu verstehen, was genau diese zeigen sollen, und sich eine Vorstellung vom Leben, den Gewohnheiten und den Bräuchen dieser Völker zu machen«. In der Tat machte Boas keinen Hehl aus seiner Verdrossenheit gegenüber der Katalogisierung oder den banalen Aufgaben eines Konservators. In seiner persönlichen wissenschaftlichen Produktion begegnete er übrigens derselben Schwierigkeit, die Bearbeitung der angehäuften Datenmengen zu bewältigen: Die Sammlung neuer Informationen hatte bei ihm stets den Vorzug

23 Cole 1999, S. 249.
24 Ebd., S. 246.

gegenüber der Aufbereitung und Aufwertung des zusammengetragenen Materials, selbst wenn es ihm eine Pflicht war, Letzteres durch seine Publikationen zu verbreiten. Vor allem die Präsentation von Ergebnissen und Synthesen widerstrebte ihm sehr. So weigerte er sich zum Beispiel – trotz wiederholter Bitten von Jesup und nach dessen Tod 1908 von dessen Witwe – hartnäckig, einen Band mit den Ergebnissen der gleichnamigen Expedition zu veröffentlichen.

Es wäre indes falsch zu behaupten, Boas hätte der Vulgarisierung und der Weitergabe von Wissen an die Bevölkerung überhaupt keine Bedeutung beigemessen. Sicherlich hatten ihn die Kritiken von Jesup und Bumpus an seiner Präsentation der Sammlungen und Ausstellungen für das breite Publikum zutiefst getroffen. Sein Bedürfnis, 1907 in einem Artikel in der Zeitschrift *Science* auf dieses Thema zurückzukommen, spricht Bände. Und nicht weniger bezeichnend ist die Tatsache, dass er kurz davor, im April desselben Jahres, der Zeitschrift *Science* einen Artikel von George Dorsey, seinem Kollegen und ehemaligen Konkurrenten am Field Museum in Chicago, anvertraute, in dem dieser eine lobende Bilanz von Boas' Arbeit am New Yorker Museum of Natural History zog und vor allem die Qualität seiner »anthropologischen Ausstellungen«[25] hervorhob. In seinem eigenen Beitrag beschrieb Boas, wie er sich eine geglückte Begegnung zwischen Besuchern und musealen Objekten vorstellte. Dass er sich zu diesem Punkt so ausgiebig äußerte, obwohl er seine Tätigkeit als Konservator längst aufgegeben hatte, zeigt, dass die Fragen der Weitergabe von Wissen und der Volksbildung ihn noch immer beschäftigten. Das Bild des »Heiligtums«, das Boas in diesem Zusammenhang heranzieht, und seine Reflexion über die geeigneten Mittel, die Aufmerksamkeit der Besucher zu erwecken, deutet dagegen darauf hin, dass er kaum vom unmittelbaren pädagogischen Wert der Beschriftungen überzeugt war und nicht glaubte, dass sie von den Besuchern eingehend gelesen wurden. Er schrieb, eine der »ernsten Gefahren der Popularisierung der Wissenschaft« sei es, »die Besucher glauben zu machen, sie könnten ohne jegliche Anstrengung ein Problem meistern, in-

25 Dorsey 1907, S. 584-589.

dem sie es eine knappe Stunde oder noch weniger erläutert bekommen«. Durch das Übergehen von »unbekannten oder unklaren Punkten« werde nur eine falsche »Verständlichkeit«[26] erreicht.

Ein Vergleich zwischen dem durch die Figur Bastians[27] verkörperten deutschen Sammlungsmodell und der von Boas im American Museum of Natural History praktizierten Akkumulation von Objekten lässt erkennen, welch große Distanz zwischen beiden lag: auf der einen Seite Bastian, Gründer des Berliner Museums und unermüdlicher Reisender, der über 25 Jahre weit ab von den Gängen seines Museums auf den Straßen der Welt zubrachte, und sein Projekt einer »universellen« Sammlung; auf der anderen Seite der von Boas verkörperte »moderne Forschungsreisende«, der sich vom enzyklopädischen Ansatz seines ehemaligen Mentors abkehrte und den Einzug in eine Ära der »Spezialisierung« akzeptierte. Für Karl von den Steinen war Bastian »niemals ein Ethnograf im engeren Sinn« gewesen: Er hatte das Talent, überall in der Welt einheimische Gelehrte aufzuspüren und ihnen die Arbeit eines ganzen Lebens (Manuskripte, Übersetzungen, Objekte) zu entlocken. Er besaß »den schärfsten Spürsinn für die Entdeckung wichtiger Stücke und eine sichere Kenntnis der Objekte; aber er war nicht im Stande, sie zu beschreiben, zu messen, kurz deskriptiv oder morphologisch festzulegen. Er konnte entschieden nicht, was seine Volontäre konnten: eine Sammlung methodisch katalogisieren oder in einem Schrank in guter Ordnung und Etikettierung aufstellen. Er war der Beobachter der soziologischen Phänomene und Gesetze, aber nicht der Objekte und Formen, der perspektivischen Fernen, aber nicht der nahen Einzelheiten.«[28] Von den Steinen gab zu bedenken – und spielte dabei natürlich auf Boas an –, dass in Nordamerika das Zusammentreffen von einer regionalen geografischen Spezialisierung und einer Politik der Erfüllung eines »staatlichen Bedürfnisses« der Ethnologie zu »einem höheren Durchschnittsniveau« als anderswo verholfen hatte. Die beobachteten

26 Boas 1907, S. 922.
27 Zu Bastian vgl. Trautmann-Waller 2004, S. 197-212.
28 von den Steinen 1905, S. 247.

Abweichungen zwischen der deutschen Ethnologie à la Bastian und der sich unter Boas' Impuls entwickelnden amerikanischen Ethnologie bestätigen den Einzug dieser Wissenschaft in die Ära der »Arbeitsteilung« und der »kapitalistischen Verwaltung«, von der Max Weber einige Jahre später in seiner Konferenz »Wissenschaft als Beruf« (1917) sprach. Der Bruch zwischen Boas und dem New Yorker Museum steht nicht zuletzt für die Schroffheit dieses Übergangs und die von Weber unterstrichene Schwierigkeit, »einem solchen *Alltag* gewachsen zu sein«.[29]

Soziologie einer Emigration

Es war sicherlich das Symptom eines tiefen Unbehagens, dass Boas die »Würde« der in den Museen präsentierten Ethnografika und die Notwendigkeit, sich diesen Objekten mit derselben Achtung zu nähern wie einem Kunstwerk, mit derartigem Nachdruck verteidigte. Boas schien hin und her gerissen zwischen seinen demokratischen Überzeugungen, die eine ernsthafte Beschäftigung mit museumspädagogischen Fragen implizierten, und den Prinzipien, denen er als Gelehrter folgte und die ihn für eine jegliche Suche nach »attraktiven« Objekten unempfänglich machten. So schrieb er 1899 an seinen Kollegen George Dawson bezüglich der Jesup-Expedition: »Die Exemplare [...] werden keineswegs unter dem Gesichtspunkt gesammelt, dass sie attraktive Ausstellungsstücke hergeben, sondern in erster Linie als Material für eine eingehende Untersuchung der Ethnologie und Archäologie dieser Region.«[30] Die Historikerin der Nordwestküstenkunst Aldona Jonaitis hat zu Recht auf die Funktionen der Volksbildung hingewiesen, die den Natur- und Völkerkundemuseen zu dieser Zeit zukam – im Gegensatz zu den Kunstmuseen, die, weitab von der Idee, ein breites Publikum anzulocken und zu bilden, ihr elitäres und esoterisches Wesen pflegten.[31] Dieser latente Antagonismus

29 Weber 1992, S. 101 (Hervorhebung im Original).
30 Brief von Franz Boas an George Dawson, zit. in Jacknis 1985, S. 89.
31 Jonaitis 1992, S. 40f.

zwischen dem Prestige der Einrichtungen, die den »schönen Künsten« gewidmet waren, und der Funktion der »Domestizierung der Massen«,[32] die den wissenschaftlichen Museen ausdrücklich zukam, erklärt sicherlich, was es mit jener Sehnsucht nach der Dresdener Gemäldegalerie bei Boas auf sich hatte: Sie entwuchs offensichtlich nicht nur einer museologischen Überlegung, sondern auch dem soziologischen Reflex der Furcht vor den sonntäglichen Besucherfluten – von den gigantischen Menschenmassen auf der Weltausstellung 1893 in Chicago (an deren Organisation Boas sich paradoxerweise aktiv beteiligt hatte) ganz zu schweigen. Er war kaum gewillt, sich dem alleinigen *»purpose of instructing the uneducated«*[33] zu verschreiben und entschied sich für den Status des Univesitätsprofessors und damit zu einer Neuorientierung auf ein handverlesenes studentisches Publikum.

Es war im Übrigen die Suche nach einer Anstellung als Professor, die Boas – angesichts der Schwierigkeit für einen nicht konvertierten Juden, in Deutschland einen akademischen Lehrstuhl zu erlangen – eingangs zur Emigration in die USA bewogen hatte. Die Assistentenstelle am New Yorker Museum of Natural History war in dieser Hinsicht eine Notlösung gewesen. Aus der Korrespondenz zwischen Boas und von den Steinen geht hervor, dass Boas die Idee eines deutschen Lehrstuhls (bis 1916 zumindest) nicht vollkommen aufgegeben hatte. Doch scheiterten von den Steinens Vermittlungsversuche an der »Gretchenfrage«: einer Konvertierung zum Christentum als Voraussetzung für die Erlangung eines deutschen Lehrstuhls.[34] Jedes Mal ging Boas der Frage aus dem Weg. Die soziale Stellung, die er als ein vom Prestige der deutschen Wissenschaft umgebener Emigrant in den USA beanspruchen konnte, unterschied sich maßgeblich von der Situation eines jüdischen Bewerbers auf eine Anstellung an einer deutschen Universität. In den USA war Boas zunächst zwar ein Emigrant gewesen, doch er war sich »der Autorität seiner deutschen wissenschaftlichen Ausbildung« be-

32 Der Ausdruck stammt von Max Weber.

33 Boas klärte von den Steinen in einem auf den 25. Mai 1905 datierten Brief über die Gründe seiner Kündigung auf (AMNH-Archiv).

34 Vgl. insbesondere von den Steinens Briefe an Boas vom 9. August 1898, 11. Juli 1904 und 26. Dezember 1916 (AMNH- und APS-Archive).

wusst. Davon zeugte dem Historiker der Anthropologie Ira Jacknis zufolge seine »leicht geringschätzige Haltung gegenüber der amerikanischen Wissenschaft«.[35] Dass dieser Neuankömmling es sich bereits 1887, d.h. ein Jahr nach seiner Ankunft in den Vereinigten Staaten, erlaubte, die museologischen (evolutionistischen) Methoden des einflussreichen Konservators des United States National Museum Otis Mason öffentlich zu kritisieren, sagte laut Jacknis viel über Boas' Vertrauen in die Überlegenheit der deutschen Methodologie und Epistemologie aus. Die sozialen Ambitionen, denen Boas mit der Leitung der Jesup-Expedition hatte freien Lauf lassen können, speisten sich aus seinen spezifischen Erfahrungen der Emigration, die auch seinem Verhältnis zu den indianischen Minderheiten implizit ihren Stempel aufprägten. Der freundschaftliche Briefwechsel zwischen Boas und von den Steinen ist in diesem Punkt sehr aufschlussreich: In der ersten Zeit unterschieden sich die materiellen Verhältnisse der Familie Boas stark von denen der von den Steinen, die mit ihren sieben Kindern in einer geräumigen 13-Zimmer-Villa mit Garten in Berlin lebten und von einer zahlreichen Haushälterschaft umgeben waren. Doch der Erste Weltkrieg hatte fatale Auswirkungen auf die wirtschaftliche Situation von den Steinens, der sich von da an bei seinem New Yorker Freund wiederholt über materielle Entbehrungen beklagte. Boas, in der Zwischenzeit ein angesehener Professor geworden, bot ihm seine Hilfe bei der Veröffentlichung seiner Abhandlung über die Marquesas-Inseln an.[36] Die Laufbahnen der beiden Männer folgten auch in anderer Hinsicht noch einige Male entgegengesetzten Richtungen. Karl von den Steinen wurde etwa 1891 als ordentlicher Professor an die hoch angesehene Marburger Universität berufen, gab seinen Lehrstuhl jedoch bereits ein Jahr später auf, um unter dem Vorwand, eine »fruchtbare ethnologische Arbeit [sei] nicht möglich – wenigstens [ihm] nicht möglich – ohne das Material eines Museums«,[37] an das Museum für Völkerkunde in

35 Jacknis 1996, S. 187.

36 »Indirekt regiert souverän Ihr damned dollar«, schrieb Karl von den Steinen am 9. Januar 1923 an Boas (APS-Archiv).

37 Erklärung von Karl von den Steinen an das Königliche Curatorium der Marburger Universität, 3. März 1892; im deutschen Wikipedia-Eintrag zu ›Karl von den Steinen‹ reproduziertes Archivdokument.

Berlin zurückzukehren. Die Nähe der Columbia University zum American Museum of Natural History in New York und überhaupt zum Feld der Nordwestküste ersparte Boas ein solches Dilemma, das die Schwierigkeiten verdeutlicht, mit denen europäische Ethnologen aufgrund der großen geografischen Entfernung zu ihren Forschungsobjekten zu kämpfen hatten. Im August 1898 erwähnte von den Steinen in einem Brief an Boas die Möglichkeit, dass dieser sich um einen Lehrstuhl in Wien bewerben könne, ließ aber gleichzeitig anklingen, dass seine Tätigkeit in Amerika in unmittelbarer Nähe zu einem Feld, in dem er »zeit [seines] Lebens aus dem Vollen schöpfen« konnte, »unvergleichlich fruchtbar[er]« sei. Im Vergleich dazu erschien Deutschland ihm in der Wissenschaftslandschaft bereits zu diesem Zeitpunkt als »Gelehrtenprovinz«.[38] Tatsächlich hatte für Boas der Reiz der nordamerikanischen Feldforschungen eine ebenso tragende Rolle bei seiner Entscheidung, Deutschland zu verlassen, gespielt wie der Mangel an akademischen Anstellungsmöglichkeiten. Doch der Vergleich der gegensätzlichen Karrieren von Boas und von den Steinen enthält auch soziologische Implikationen: Voraussetzung für von den Steinens Verzicht auf die prestigeträchtigere Stelle als Universitätsprofessor zugunsten einer Anstellung im Museum waren die besonderen (im Sinne Max Webers »anti-ökonomischen«) Dispositionen eines Erben, der sich seiner sozialen Position sicher genug war, um es sich erlauben zu können, eine vorteilhaftere Stelle abzulehnen. Aufgrund seiner mit dem Ersten Weltkrieg eintretenden zunehmenden Isolierung ging es dann allerdings mit seiner Karriere bergab, während der aus einer provinziellen deutschen Handelsbourgeoisie-Familie stammende Boas von seiner Stelle an der Columbia University ausgehend eine immer solidere Position entwickelte, die einherging mit dem Aufbau einer methodologischen Schule und wachsendem Ansehen im In- und Ausland. Der Prozess der Legitimation der amerikanischen Universität wurde durch den Beitrag derartiger »Überläufer« beispielhaft genährt, und dies bereits vor 1933, wo er sich stark beschleunigte.

38 Brief von Karl von den Steinen an Franz Boas, 9. August 1898 (APS-Archiv).

Ethnografie und Naturwissenschaften

Persönliche Unstimmigkeiten und Meinungsverschiedenheiten über die Finalität des Museums waren der Hauptgrund für Boas' Kündigung am American Museum of Natural History in New York. Doch die Frage ist erlaubt, ob jenseits der Querelen auf individueller Ebene der Kern dieses Konflikts nicht in einem Spannungsverhältnis zwischen der Anthropologie, wie Boas sie sich vorstellte, und den »Naturwissenschaften« lag. Ist der Bruch mit dem Museum als eine Distanzierung von Boas gegenüber diesem Wissensbereich anzusehen?

Die Naturwissenschaften bildeten für Boas einen Grundpfeiler, der in seinem Werdegang anfangs einen zentralen Platz einnahm: Man denke an sein Studium der Physik und der Geografie, seine Dissertation über das Meerwasser und seine erste Feldforschung auf der anderen Seite des Atlantiks (von August 1883 bis August 1884), die ihn ein Jahr nach Baffin-Land führte, wo er hauptsächlich geografische, meteorologische und kartografische Daten erhob und naturalistische Objekte sammelte. Bemerkenswert ist jedoch, dass er bereits auf dieser ersten Reise begann, auch andersartige Zeugnisse zusammenzutragen: musikalische Transkriptionen, Texte in der Originalsprache und etwa einhundert »ethnografische Objekte«.[39] Boas' Interesse verschob sich in der Folge zwar immer mehr in Richtung der ethnografischen Sammlung, doch kann man in seinem Versuch, physische und kulturelle Anthropologie miteinander zu vereinbaren, auch eine Art Treue zu seiner ursprünglichen naturwissenschaftlichen Spezialisierung sehen. Er blieb ihr immer verbunden. 1916, als von den Steinen Boas ermutigte, sich auf einen Münchener Lehrstuhl zu bewerben, handelte es sich um einen Lehrstuhl für physische Anthropologie der Vorgeschichte. Während seiner Aufenthalte an der Nordwestküste sammelte Boas ebenso gut Schädel, Skelette oder Skelettfragmente, Messdaten und Fotografien für seine anthropometrischen Untersuchungen wie Werkzeuge, Masken, Mythen, Rezepte für kulinarische oder medizinische Zubereitungen, Transkriptionen und Aufzeichnungen von Gesängen, Häuser-

39 Vgl. Jacknis 1996, S. 191.

grundrisse usw. In seinem 1903 der Zeitschrift des Museums of Natural History anvertrauten Bericht zur Jesup-Expedition konnte er mithin das Postulat einer offensichtlichen Kontinuität zwischen kultureller und physischer Anthropologie aufstellen: »Wir haben einige Zeit nahe der Mündung des Skeena Rivers verbracht, um die grafische Kunst der Haida zu untersuchen und die physische Erscheinung der Tsimshian und der Haida zu analysieren«, schrieb er zum Beispiel im selben Atemzug.[40] Die von Waldemar Bogoras nach seiner Rückkehr aus Sibirien erstellte Liste der »Trophäen« entsprach absolut denselben Prämissen: »5000 ethnografische Objekte, 33 Gipsabdrücke von Gesichtern, 75 Schädel und archäologische Funde aus verlassenen Dörfern und aus Gräbern [...], 300 Sagen und Überlieferungen, 150 Texte [...], 95 phonografische Aufzeichnungen, 860 Messungen von Personen [...], eine zoologische Sammlung und ein meteorologisches Tagebuch«.[41]

Wie die Wissenschaftshistorikerin Céline Trautmann-Waller in einem erhellenden Artikel über Boas' irritierende »Schädelmessungen« aufgezeigt hat, belegt die Beständigkeit seiner anthropometrischen Arbeit während seiner gesamten Karriere, dass er den Horizont einer »Einheit der Wissenschaft«[42] nie wirklich aus den Augen verloren hatte. Sie schließt sich den früheren Schlussfolgerungen von Yu Xie[43] an und warnt davor, die Unterscheidung zwischen »Physikern« und »Kosmografen«, die Boas in seinem Artikel von 1887 zum Studium der Geografie[44] vorschlug, mit der berühmten Dilthey'schen Gegenüberstellung von Naturwissenschaften und Geisteswissenschaften zu verwechseln: »Bei Boas können sowohl aus dem kosmografischen wie auch aus dem physischen Ansatz Wissenschaften vom Menschen (im Sinne der Geisteswissenschaften) oder exakte Wissenschaften (im Sinne der Naturwissenschaften) entstehen«.[45] Die etwas unerwartete Äquivalenz, die

40 Boas 1903, S. 85.
41 Bord-Tagebuch von Waldemar Bogoras, zit. von Boas in: ebd., S. 115.
42 Trautmann-Waller 2013, S. 53-75.
43 Yu Xie 1988, S. 269-296.
44 Boas 1887f., S. 137-141.
45 Trautmann-Waller 2013, S. 70.

Boas im Zusammenhang mit seinem Desiderat einer »konzentrierten« Einstellung des Museumspublikums zwischen »besonders eindrucksvollen Exemplaren« des Museum of Natural History und der Sixtinischen Madonna aufstellte, übersetzt einerseits seine Irritation gegenüber der ungenierten Haltung der unkundigen Besuchermassen, doch muss sie andererseits wohl auch wörtlich genommen werden: Alles deutet darauf hin, dass Boas gegenüber einem Skelett innerlich dieselbe ästhetische Ergriffenheit verspürte wie vor einem Kunstwerk. Seit seiner Kindheit war die Beobachtung der Natur für ihn eine Quelle unerschöpflicher Freuden,[46] und die soziologische Kluft zwischen dem Publikum von Kunstmuseen und dem Publikum von Naturkundemuseen änderte nichts an der Tatsache, dass für den ehemaligen Physiker Boas in Bezug auf Schönheit grundsätzlich keine Hierarchie zwischen den Erzeugnissen der Natur und denen der Kunst existierte, genauso wenig wie zwischen der Kunst der »Primitiven« und der »großen Kunst« der westlichen Welt.

Boas' Weggang vom American Museum of Natural History in New York darf demnach nicht als Scheidung von den Naturwissenschaften interpretiert werden, denn eine solche Scheidung gab es bei ihm nie. Seine Forschungsarbeit bestärkte jedoch mit der Zeit immer mehr jene Intuition, die er wohl bereits vor seiner Abreise aus Berlin hatte: dass »Kunstobjekte« in der Ethnologie einen einzigartigen und privilegierten Platz einnehmen. Boas ging es nicht darum, die Kulturen von ihrer jeweiligen »natürlichen« Umwelt zu trennen, sondern vielmehr, die ganz spezifische Wirkung einer besonderen Objektkategorie hervorzuheben: der Objekte, die aus der Kunstsphäre stammten. Dass Boas ausgerechnet nach seiner Begegnung mit einem Künstler, dem Haida-Bildhauer Charles Edenshaw,[47] den Entschluss fasste, den (von ihm selbst ver-

46 Zur Naturbeobachtung von Boas als Kind vgl. Kalinowski 2013, S. 241 f.; Douglas Cole (Cole 1999, S. 230) beschrieb, wie sehr Boas es genoss, seine naturalistischen Streifzüge in Begleitung seines Sohnes Ernst wieder aufzunehmen.

47 Zu Edenshaw vgl. insbes. Jonaitis 2013, S. 195-203.

fassten) ersten Bericht der Jesup-Expedition[48] zu veröffentlichen, ist sehr aufschlussreich.

Helen Codere, Herausgeberin von Boas' posthumen Schriften über die Kwakiutl, schrieb schon 1959,[49] dass Boas in seinen Publikationen den symbolischen Bestandteilen der indianischen Kulturen klar den Vorzug gab: Vor allen anderen Aspekten hatten Mythen, Sprachen und Kunst den Vorrang. Im musealen Rahmen neigte Boas zur Aufwertung künstlerischer Erzeugnisse und »aufwändig verzierter Werkzeuge« gegenüber anderen Objekten des Alltags, Techniken im engen Sinne und naturgeschichtlichen Zeugnissen. Dem Anthropologen zufolge stachen die ästhetischen Objekte alle anderen vor allem deshalb aus, weil sich die Kulturen in diesem Bereich am stärksten differenzieren ließen, während sehr umfangreiche geografische Einheiten eine relativ undifferenzierte gemeinsame materielle Kultur haben konnten.[50] Die Kulturen der amerikanischen Nordwestküste konnten in dieser Hinsicht einem weitaus größeren geografischen Gebiet zugeordnet werden, das die Nordostküste Asiens und die Arktis einschloss: »Die materielle Kultur der Fischervölker der Nordostküste Asiens, der Nordwestküste Amerikas und der Arktis weist eine so starke Ähnlichkeit auf, dass man mit Fug und Recht die Behauptung einer ehemaligen Einheit aufstellen kann«, schrieb Boas.[51] Die verschiedenen Komponenten der Kulturen waren nicht alle zum selben Grad ausdifferenziert. Die hervorstechendsten geografischen und sozialen Merkmale, wie in diesem Fall die Einschreibung von Fischervölkern in eine Küstenlandschaft, konnten von Stämmen geteilt werden, die im Übrigen auf kultureller Ebene sehr verschieden waren. Boas führte ein zusätzliches Kriterium ein: den jeweiligen Grad an »Konservatismus«. Insbesondere die Sprachen besaßen zwar eine geringere Ausdehnung als geografische Kulturen, zeichneten sich jedoch dem Anthropologen zufolge (vor allem in phonetischer Hinsicht) ebenfalls durch einen relativ hohen Grad an Permanenz aus. Auch Riten und soziale Strukturen waren durch ihre

48 Boas 1898a.
49 Codere 1959, S. 61.
50 Ebd., S. 72.
51 Boas, 1940a, S. 338.

Stabilität gekennzeichnet. Die dynamischsten, »turbulentesten« Elemente hingegen, die diese Konfiguration auflockern konnten, waren Mythen, Künste und sprachliche Produktionen.

Boas' Begriff der »Kultur« umspannte somit eine in sich stark differenzierte Einheit, die konservative und innovative Elemente miteinander verband. Diese Polarität wiederholte sich übrigens auf jedem einzelnen Gebiet: im Bereich der künstlerischen Erzeugnisse stand die relative Stabilität von »Stil«, »Form« und »Muster« der unablässigen, mehr oder weniger energischen Arbeit der »Variation« gegenüber. In manchen Fällen, insbesondere bei den Kwakiutl, konnte dieser Hang zur Variation bis zum »Überschwang« getrieben werden: Lévi-Strauss sprach später von »jener Verachtung für ausgetretene Pfade, die zu immer neuen Improvisationen drängt«.[52] Kulturen unterscheiden zu lernen setzte demnach voraus, dass man gleichzeitig Konstanten und nie dagewesene Variationen zu erkennen vermochte. Der »Reichtum« einer Kultur konnte sich in ihrer Fähigkeit ausdrücken, eine sehr hohe Anzahl von Varianten hervorzubringen, wie etwa die Kwakiutl-Mythologie mit ihren »hunderten Geschichten, die mehr oder weniger streng auf demselben Grundgerüst aufgebaut sind«.[53] Die besondere Rolle, die Boas in der ethnologischen Forschung den künstlerischen Elementen beimaß, gründete somit ausdrücklich auf einem wissenschaftlichen Kriterium: der Tatsache, dass der höchste Grad an kultureller Spezifizierung in bestimmten Erzeugnissen der Kunst erreicht wird.

Boas schrieb 1907: »Die anthropologischen Sammlungen sollten stärker wie Kunstgewerbe- oder Kunstsammlungen behandelt werden und nicht wie Sammlungen, die Naturwissenschaften illustrieren.«[54] Diese Polarisierung, die bereits zu der Zeit bestand, als er im Berliner Museum für Völkerkunde arbeitete und sich speziell für Masken interessierte (das Zeichenheft, das er mit nach Amerika nahm, enthält fast aus-

52 Lévi-Strauss 2018, S. 10. Diese Passage stammt im Französischen ursprünglich aus dem Text ›The Art of the Northwest Coast at the American Museum of Natural History‹, (ders. 1943).

53 Boas 1914, S. 481.

54 Ders. 1907, S. 929.

schließlich solche Objekte), bedeutete nicht, dass er dem Naturkundemuseum den Rücken kehren wollte, um die Ethnologie im Kunstmuseum anzusiedeln. Ihm ging es nicht darum, für die Künste der Nordwestküste die gleiche institutionelle Anerkennung einzufordern, wie für die klassischen Künste. Er selbst war von ihrer Ebenbürtigkeit überzeugt, doch war ihm jeglicher Primitivismus fremd, ebenso wie der berühmte, 1909 von Apollinaire[55] geäußerte und 1943 von Lévi-Strauss[56] erneuerte Wunsch, der Louvre möge »exotische Kunstwerke« aufnehmen. Zwar teilte Boas nicht das radikale Desinteresse für Kunst eines Bastian, das von den Steinen humorvoll beschrieben hat,[57] doch neigte er in dieser Hinsicht mehr zum wissenschaftlichen Asketen als zum Ästheten. Sein Akkumulationsdrang gründete weder auf einer Sammlerpersönlichkeit noch auf einer Sonderstellung, die er den Werten des Schönen *a priori* einräumte. Lévi-Strauss machte bei einem Besuch bei Boas persönlich diese Erfahrung:

> »Ich entsinne mich, wie ich einmal, als ich zum Abendessen in seinem Haus in Grantwood eingeladen war, vor der wunderbaren geschnitzten und bemalten Truhe in seinem Speisesaal zu träumen begann und ihm unvorsichtigerweise sagte, dass in seinem Ethnologenleben die Reisen zu Menschen, die solche Meisterwerke erschaffen können, außergewöhnliche Erfahrungen gewesen sein mussten. Er konterte mit seinem sagenhaften Puritanismus trocken: ›Das sind

55 »Der Louvre sollte gewisse exotische Meisterwerke aufnehmen, deren Erscheinungsbild nicht weniger bewegend ist als das der schönen Exemplare westlicher Bildhauerkunst.« (Apollinaire 1998, S. 6).

56 »Sicher ist die Zeit nicht mehr fern, da die Sammlungen aus diesem Teil der Welt aus den ethnographischen Museen verschwinden werden, um in den Museen der Schönen Künste zwischen dem alten Ägypten oder Persien und dem europäischen Mittelalter Platz zu nehmen.« (Lévi-Strauss 2018, S. 9).

57 Vgl. von den Steinens Nachruf auf Bastian (von den Steinen, 1905, S. 240): »Das Wort ›Stimmungen‹ löste seinen heftigsten Widerwillen aus. ›Was wollen diese modernen Maler? Haben wir Zeit zu Stimmungen?‹ Mit den Musen der Kunst stand er deshalb auf gespanntem Fuß. Im Jahre 1901 noch fragte ich ihn, ob er denn überhaupt eine Kunstausstellung besuche? ›Niemals‹ antwortete er energisch. ›Und wann waren Sie das letzte Mal im Theater?‹ Er besann sich einen Augenblick und sagte ›1859!‹«.

Abb. 8: Truhe mit Biberdarstellung, Werk des Haida-Bildhauers Charles Edenshaw, gesammelt 1926 in Gitskan von Harlan I. Smith, einem von Boas für die Jesup-Expedition rekrutierten Archäologen. Musée canadien de l'histoire, Gatineau (Québec).

Indianer wie alle anderen.‹ Und ich traute mich nicht, etwas zu entgegnen. Er wollte offenbar nicht erlauben, dass unter Kulturen, die er im Namen seines so oft geäußerten Kulturrelativismus unterschiedslos respektierte, irgendeine Hierarchie eingeführt wurde.«[58]

Boas hätte nie wie etwa Lévi-Strauss in *Der Weg der Masken* zugeben können, dass eine »fast körperliche Beziehung« ihn mit der Kunst der Nordwestküste verband.[59] Er wollte vor allem die wissenschaftliche Kenntnis der indianischen Kulturen teilen, und die Studie der künstlerischen Objekte diente ihm als Mittel zu diesem Zweck.

58 Lévi-Strauss 1984, S. 5f. Dieser Text wurde als Vorwort in der 2002 erschienenen englischen Edition der *Indianischen Sagen* wiederabgedruckt (Boas 2002). Die »geschnitzte und bemalte« Truhe, die bei Lévi-Strauss so große Bewunderung hervorrief, und die auch in einem anderen Artikel über seine Begegnung mit Boas Erwähnung fand (Lévi-Strauss 1971a), war ein Erzeugnis der Kwakiutl.

59 Lévi-Strauss 2018, S. 14.

Materielle Kultur, immaterielle Kultur und »*surroundings*«

Weder Naturkundemuseen noch Kunstmuseen betrachtete Boas als besonders prädisponiert für die Aufnahme ethnologischer Sammlungen, und man hätte meinen können, dass seine Auseinandersetzung mit dem American Museum of Natural History in New York ihn dazu hätte veranlassten können, selbst ein Projekt für ein Museum zu entwerfen, das ausschließlich der Ethnologie gewidmet gewesen wäre, oder eine Anstellung in einer derartigen Einrichtung zu suchen. Der Vorreiter eines solchen Museumsmodells war Bastian gewesen, der in Berlin 1886 die Einrichtung eines von den anderen königlichen Museen unabhängigen ethnologischen Museums erreicht hatte. Doch nie äußerte Boas den Wunsch, das Modell in die USA zu importieren und dort bekannt zu machen. Diese vielsagende Enthaltsamkeit war sicherlich nicht nur seiner institutionellen Position geschuldet, die ihm nicht den Spielraum ließ, eine ebenso breite Reform in Angriff zu nehmen wie die von Bastian initiierte Museumsgründung. Im Grunde war es die Institution Museum an sich, und nicht dieses oder jenes spezialisierte Museum oder diese oder jene museografische Modalität, die Boas' prinzipielle Vorbehalte hervorrief. Er war deshalb so wenig geneigt, ein neuartiges Ethnografie-Museum zu konzipieren, weil er an der Vereinbarkeit des musealen Rahmens mit dem Objekt der Ethnologie grundsätzliche Zweifel zu hegen begann. Das Museum führte aus seiner Sicht einen schwer zu korrigierenden wissenschaftlichen Bias ein: die Überbewertung materieller Kulturzeugnisse gegenüber Elementen der immateriellen Kultur. Folgende Zeilen aus dem Jahr 1907 klingen nach einem bedeutenden Einwand:

> »Es kommt in anthropologischen Sammlungen sogar häufig vor, dass ein ganzes Gedankensystem durch ein einziges Objekt ausgedrückt werden kann – oder durch kein einziges Objekt, weil dieser eine bestimmte Aspekt des Lebens nur aus Vorstellungen besteht. Wenn zum Beispiel ein Stamm in seinen religiösen Handlungen viele Objekte benutzt, während in einem anderen Stamm praktisch keine

> materiellen Kultobjekte zum Einsatz kommen, dann erscheint das religiöse Leben der beiden Stämme, das genauso lebhaft sein kann, in den Museumssammlungen nicht in seinem wirklichen Ausmaß. Ein anderer Grund, namentlich die natürliche Zerstörung des Materials, macht eine Systematisierung archäologischer Sammlungen fast unmöglich. Folglich ist jede Anordnung von Objekten nur eine außerordentlich fragmentarische Darstellung des wirklichen Lebens eines Volkes. [...] Der starke Hang zur Anhäufung von Artefakten hat sich oft nachteilig auf die Entwicklung der Anthropologie ausgewirkt, denn wie schon erwähnt, sind in dieser Wissenschaft die materiellen Objekte in vielerlei Hinsicht belanglos, bezogen auf die aktuellen wissenschaftlichen Fragestellungen.«[60]

Boas zufolge waren die Exponate in den Museen oft nur »zufällige Ausdrücke komplexer mentaler Prozesse«, die wiederum »die [eigentlichen] Subjekte der anthropologischen Untersuchung« darstellten.[61] Die Objekte materialisierten keine Vorstellungen: Diese wurden *a posteriori* mit den Artefakten assoziiert und konnten bei ihrer Zirkulation von einem Stamm zum anderen variieren.

Ira Jacknis schlussfolgerte, dass in der »ethnografischen Werkzeugkiste« von Boas nicht den Objekten der bevorzugteste Platz zukam, sondern der Transkriptionen von Texten in indianischer Sprache. De facto enthielten Boas' Feldnotizhefte hauptsächlich »verbale«[62] Notizen. Für ihn gelangten die im Feld gesammelten Objekte erst voll und ganz zu ihrer Existenz, wenn sie mit Erklärungen in Verbindung gebracht werden konnten, die von den Eingeborenen – und am besten von verschiedenen Gesprächspartnern – geliefert wurden. Wenn ihre Deutungen voneinander abwichen und inkohärent waren, versuchte Boas nicht, sie zu vereinheitlichen, sondern schloss daraus auf eine grundlegende Dissoziierung zwischen »Form und Bedeutung« und auf eine Polysemie der Objekte.[63] Aldona

60 Boas 1907, S. 930f.

61 Ebd., S. 928.

62 Vgl. Jacknis 1996, S. 197 und S. 189.

63 »Die Bedeutung der Verzierungen ist variabel und auch die Erklä-

Jonaitis hat berichtet, wie Boas und dessen Mitarbeiter John Swanton den Haida-Bildhauer Charles Edenshaw baten, seine eigenen Werke zu kommentieren, und dass sie seine Erklärungen als weitaus aufschlussreicher für die Kenntnis der Traditionen der Haida erachteten als ältere Objekte, zu denen es keinerlei verbale Erklärungen gab.[64] Boas' Ethnologie baut auf einem unendlich breiteren Verständnis des Begriffs »Objekt« auf. Mehr als eine simple Aneinanderreihung von Artefakten in Museumsvitrinen beinhaltet er auch »Nicht-Objekte«, weiter oben z.B. im Zusammenhang mit Religionen ohne materielle Grundlage erwähnt; Sprachobjekte, die Boas in »Archiven« der indianischen Kulturen (Jacknis) zusammenführen wollte; Deutungen materieller Artefakte, die ihm zufolge deren Wirklichkeit erst begründeten; und sogar noch weniger greifbare Objekte wie Musik oder Träume. Das Kapitel »Materielle Kultur« seiner Monografie von 1935 *Kwakiult Culture as Reflected in Mythology* spiegelt diesen Sachverhalt wider: Objektbeschreibungen finden sich dort mit Mythenelementen vermischt. Letztere sollen die Objekte und nicht zuletzt deren technischen Aspekte erhellen. In einem posthum (1943) veröffentlichten Text warnt Boas vor der Ungenauigkeit von Wörterbüchern, die nicht immer zuverlässige Übersetzungen der Wörter anbieten, welche die »materiellen Objekte oder die Handlungen [betreffen], die mit oder an diesen materiellen Objekten ausgeführt werden«.[65] Allein »eine detaillierte Untersuchung der Semantik der Sprache« in ihrer Gesamtheit könne es erlauben, die Bedeutung dieser Objekte aus der Sicht der Individuen, die sie benutzen und sie benennen, zu erfassen. Somit wird die Materialität des Objekts selbst zum Sprachobjekt und suggeriert auf kraftvolle Weise die Grenzen des Paradigmas des Sehens, wie es im Museum verkörpert wird.

Wie bereits erwähnt, war einer der ersten Artikel, durch die Boas in den Vereinigten Staaten Bekanntheit erlangte, eine sehr klare Stellungnahme aus dem Jahr 1887 zur Ausstellungsgestaltung in den ethnologischen Museen. Boas hatte darin die

rungen für Formen, die auf ein und demselben Gegenstand zu finden sind, scheinen oft recht inkohärent.« (Boas 1927, S. 106).

64 Jonaitis 1992.

65 Boas 1943a, S. 314.

Entscheidungen von Otis Mason, Konservator am National Museum of Natural History in Washington, kritisiert und ihm seine evolutionistischen und komparativen Klassifizierungen zur Last gelegt, in denen der »technologischen« Dimension der Exponate mehr Gewicht eingeräumt wurde als allen anderen Dimensionen. Boas sah nicht nur die Definition eines Objekts anhand seiner technischen Funktion als reduzierend an (er führte das Beispiel der »Keramik« an, die durchaus in verschiedenen »Sparten des Lebens« Anwendung finden konnte[66]), für ihn war vor allem die Idee anfechtbar, jedes einzelne Objekt getrennt von seiner »Umwelt« (*surroundings*) zu betrachten, denn nur sie konnte ihm einen Sinn geben. Boas hatte offenbar ein linguistisches Paradigma im Kopf: Das Wort war nicht zu trennen von einer Syntax, die seine Bedeutung erst bestimmen konnte. Die materielle Form eines Objekts allein erlaubte es nicht, seinen Gehalt zu beurteilen, erst in Bezug auf einen geografischen und sozialen Raum konnte er ermessen werden. Zwei offenbar ähnliche Objekte konnten in zwei verschiedenen Kontexten völlig andere Funktionen haben. »Verschiedene Ursachen« konnten »dieselben Wirkungen« hervorrufen.[67] Das von Boas in diesem Text herangezogene Bild war jedoch kein sprachliches sondern ein musikalisches. In zwei unterschiedlichen Kulturen konnte durchaus ein und dasselbe Musikinstrument zum Einsatz kommen, doch »das Wesen der Musik« einer Kultur konnte es erst dann enthüllen, wenn es mit der »kompletten Sammlung« von Instrumenten dieser Kultur in Zusammenhang gebracht wurde.[68] Diese Metapher mit ihren prä-strukturalistischen Konnotationen lud dazu ein, jenseits der materiellen Konturen der Museumsobjekte die unmerklichen Schwingungen von Harmonien, Missklängen, Entsprechungen und Echos wahrzunehmen, die die Einschreibung in das vielfältige Bezugsuniversum einer Kultur hervorruft. Unter der Einwirkung der »Üppigkeit der Formen«, wie Boas es nannte, der multiplen Resonanzen eines Kontexts und der Neigung zur kontinuierlichen Verschiebung der Bedeutungs-

66 Boas 1887a, S. 589.
67 Ebd., S. 486.
68 Ders. 1887e, S. 485.

grenzen verschwammen die Unterscheidungsgrenzen zwischen den Objekten.[69] Boas' eindringlicher Hinweis darauf, dass Objekte sich in eine »Umwelt« einschreiben, und sein Beharren auf der Aufhebung der Grenzen zwischen »Objekt« und »Subjekt« rührt in gewissem Sinne aus einem beinahe phänomenologischen Impuls her: Das Museumsobjekt drohte in seinen Augen an Substanz zu verlieren, sobald es aus seiner »Lebenswelt« gerissen wurde.

So trug das museale Ausstellungsprinzip an sich ein Abgleiten in den Objektivismus in sich, von dem die evolutionistischen Klassifizierungen des National Museums in Washington in Boas' Augen im Grunde nur einen besonders frappierenden Fall darstellten. Ob Naturkunde-, Ethnologie- oder Kunstmuseen – letzten Endes war es die Institution Museum, die Boas seit 1887 in Frage stellte. Wir haben weiter oben an sein paradoxes Misstrauen gegenüber »Akkulturations«-Erscheinungen erinnert: Boas nahm die unaufhörliche Mobilität von Objekten, Symbolen und Bedeutungen zwischen den Kulturen zur Kenntnis, schien jedoch vor allem diejenigen Transfers anzuerkennen, die die »primitiven« Kulturen untereinander betrafen, und nicht die zwischen indigenen und »zeitgenössischen« (amerikanischen oder europäischen) Kulturen. Das Unterbringen der Artefakte in einem Rahmen wie dem musealen schien ihm von vornherein kein positives Potenzial zur Enthüllung oder gar zur Neuerfindung oder Neuinterpretation zu bieten. Oder vielmehr: Er konnte sich die Möglichkeit einer produktiven musealen Neuerfindung nur im Fall einer Zusammenarbeit mit Indianern, wie z.B. Charles Edenshaw oder George Hunt, vorstellen. Das strenge museale Schicksal eines Objekts begriff Boas als Trauer. Wenn er 1900 sehnsüchtig die immense Ausstellungshalle des Museums für Völkerkunde in Berlin erwähnte, dann deshalb, weil im New Yorker Museum ein Haida-Totempfahl in drei Teile zersägt werden musste, damit er in den niedrigen Räumlichkeiten Platz finden konnte.[70] Die mit lebenden Indianern organisierten Aufführungen endeten

69 Vgl. Kalinowski 2013.
70 Vgl. Jonaitis 1992, S. 50.

meist, wie man weiß, mit dem Tod der Darsteller (und der Archivierung ihrer Gebeine).[71]

Der Begriff der *surroundings*, der bei Boas von seinen ersten Texten an immer wieder vorkommt, scheint all das vereint zu haben, was ihm zufolge im Museum meist ausgeblendet wurde: eine »Umwelt«, deren Auffassung auch subjektiv war. Zur selben Zeit wie seine Kritik an Mason (1887) hatte Boas auch eine kurze Rezension eines Buches über die Pädagogie der Geografie veröffentlicht, das die Sensibilisierung von Kindern für die Beobachtung ihrer »Umwelt«– die Stimmung des Wetters, die Möbel des Klassenzimmers, das seidene Halstuch eines Mitschülers – beschrieb.[72] Die *surroundings* waren für Boas sowohl von wissenschaftlichem als auch von affektivem Interesse: beides untrennbar miteinander verbunden. Dieses weder regressive noch an verlorenen Ganzheiten festhaltende Interesse zielte vor allem darauf ab, das freie Assoziieren wiederzufinden, das von den indianischen Kulturen mit einer einzigartigen Intensität kultiviert wurde. Lévi-Strauss hatte dies sehr deutlich wahrgenommen, als er 1942 die von Boas eingerichteten Räume des American Museum of Natural History besuchte, jenes »verzauberten Ort[es], wo sich die Träume der Kindheit ein Stelldichein geben« und »wo Tiere mit übermenschlicher Sanftmut ihre kleinen Pfoten gleich Händen falten«.[73]

Vom Objekt zum sprechenden Subjekt?

Das von Boas geforderte Erlernen der indianischen Sprachen hatte nicht zum einzigen Ziel, dem Ethnologen eine größere Gewissenhaftigkeit und Präzision bei der »Aufnahme« seiner Feldforschungen und der Niederschrift der von den Informanten erhaltenen Daten aufzuerlegen. Es ging auch darum, sich vom klassischen Paradigma der »Beobachtung« abzuwenden und die Asymmetrie jener Beziehung zu überwinden, in der

71 Vgl. Cole 1999, S. 209.
72 Boas 1887c, S. 139.
73 Lévi-Strauss 2018, S. 9.

die »Eingeborenen« und deren Traditionen und Objekte dem Blick des Ethnologen und dessen Deutungen unterlagen. Diese monologische Wissenschaft sollte durch ein neuartiges Modell ersetzt werden, in dem die vom Ethnologen erhaltenen Ergebnisse durch die »Eingeborenen« »beglaubigt« werden mussten und demzufolge von ihnen auch widerlegt werden konnten. Boas verteidigte dieses dialogische Modell weniger im Namen einer ethischen oder gar politischen Forderung. Es war vielmehr eine Antwort auf den wissenschaftlichen Imperativ, der das Paradigma der Widerlegbarkeit zur Bedingung der Möglichkeit echten ethnologischen Wissens erhob. Boas' Methode gründete auf dem Prinzip eines Austauschs, in dem die Dienste der Informanten mindestens zu zwei verschiedenen Zeitpunkten der Forschung in Anspruch genommen wurden: zunächst im Feld, während der Interviews und Umfragen, später, nach Ausarbeitung der ersten Ergebnisse, zur Einschätzung von deren Stichhaltigkeit und kritischen Stellungnahme zu den eingangs formulierten Hypothesen. Boas gab, wie bereits erwähnt, seinen indianischen Informanten seine Transkriptionen zu lesen und bemühte sich, die Trennung zwischen Ethnografen und Informanten aufzuheben, indem er »eingeborene Ethnografen« einstellte (J. Berman).

In dem Vortragstext von 1905, der zu Beginn des ersten Teils dieses Buches erwähnt wurde, nannte Boas als Beispiel für ein Vorgehen, das man überdenken oder verwerfen musste, die »Erhebungen traditioneller Handwerke, die lediglich auf der [objektiven] Beobachtung [des Forschenden] beruhen«. 1905 gab Boas auch seine Anstellung am Museum auf, was dem Beispiel eine besondere Resonanz verleiht. Boas wies eine ethnologische Methode zurück, die den Indianern selbst letzten Endes einen Objektstatus zuwies: Um ihre Sprache gebracht, wurden sie verdinglicht, genauso wie die von den Ethnologen gesammelten Artefakte. Dennoch war Boas' Absicht nicht zu verwechseln mit einem Appell, den »Stimmlosen« eine Stimme zu geben. Das Argument, mit dem er das (evolutionistische und komparatistische) museografische Präsentationsmodell von Werkzeugen und Artefakten ablehnte, kommt an einer Stelle seines Vortrags von 1905 deutlich zum Vorschein: dort, wo er Praxis und Sprache als voneinander untrennbar darstellt.

Zu dem Zeitpunkt, als er den Museumsvitrinen definitiv den Rücken kehrte, war Boas der Vorreiter eines anthropologischen Modells, das darin bestand, die Untersuchung der Objekte anstatt mit dem Diskurs des Ethnologen mit dem der Frauen und Männer zu verknüpfen, die sich der Objekte bedienten, die sie herstellten, sie kontinuierlich weiterentwickelten und neu erfanden. Die Äußerungen der Indianer, die Boas sammeln wollte, weil er sie als festen Bestandteil der Objekte ansah – er definierte Letztere als zugleich materielle und sprachliche Gegebenheiten –, entpuppten sich aus seiner Sicht als das Gegenteil einer einzigartigen, einheitlichen, feststehenden und »traditionellen« Aussage. Indem er den »Eingeborenen« seine Sicht auf ein Objekt unterbreitete, eröffnete der Ethnologe einen Dialog, der nicht in einer endgültigen Verifizierung oder Richtigstellung mündete. Es ging nicht darum, dem Objekt eine spezifische Funktion zuzuschreiben oder es einer bestimmten Klasse oder Kategorie zuzuordnen. Was Boas damit aufzeigen wollte, war die Unmöglichkeit, die Identität selbst der gebräuchlichsten Artefakte aus der Sicht ihrer Nutzer klar zu umreißen. Zum Beispiel waren manche Objekte mit Ornamenten oder figürlichen Darstellungen verziert, deren Interpretation von einem Gesprächspartner zum nächsten variieren konnte – und genau dies war für Boas von größtem Interesse.[74] Sein Modell implizierte nicht nur die Möglichkeit einer Falsifizierung der Hypothesen durch diejenigen, die das eigentliche Forschungsobjekt darstellten. Es setzte vor allem die grundsätzliche Variabilität der Diskurse der Befragten über ihre Gerätschaften, Ausrüstungen oder Kunstwerke voraus. So führten die Bemühungen des Ethnologen, die Sprache seines »Feldes« zu erlernen, zur Feststellung einer Plastizität der Diskurse über Objekte, welche deren Betrachtung allein nicht vermuten ließ. Der Forscher durfte die Möglichkeit einer solchen Diskrepanz nicht ignorieren. Das Ziel der Forschung wurde dadurch stark verändert: An die Stelle der Suche nach einer »richtigen« Zuweisung trat die Entdeckung einer Polysemie: Die Bedeutung, die den Objekten zugeschrieben wurde, war weder simpel noch auf der Stammesebene einheitlich. Sie

74 Vgl. Boas 1927, S. 128.

passte in keine der Kategorien, die mit »Primitivität« assoziiert wurden. Unermüdlich hob Boas die unendlichen Metamorphosen der Mythen und Legenden hervor, gleich den Tieren im geschnitzten Bestiarium der Totempfähle, die sich durch gemeinsame Formenelemente – der Flügel des einen wird zum Schnabel des anderen usw. – ineinander verwandelten. Mit seinem Großunternehmen der Edition mehrerer Tausend Seiten Text in bestimmten indianischen Sprachen beabsichtigte Boas, so differenziert wie möglich die Vielfältigkeit dieser Diskurse zu bezeugen. Er wollte mit seinen zahlreichen Sammlungs- und Editionsprojekten die unendliche Vielfalt sprachlicher Äußerungen dokumentieren, von der die materiellen Zeugnisse in den Museumsvitrinen nur ungenügend Rechenschaft abzulegen schienen, selbst auf die Gefahr hin, dass durch die Edition und Veröffentlichung dieser Texte die Diskurse festgeschrieben und damit aufs Neue in endliche Objekte verwandelt wurden.

Das Ende des Exotismus

In seinen Untersuchungen zur Figur Carl Hagenbecks (1844-1913) – »Impresario des Exotismus« und Urheber der »Völkerschau« in Deutschland, d.h. der Zurschaustellung fremder Völkergruppen (»Menschenzoos«) – betrachtete Eric Ames mit besonderem Interesse die Nähe und Wesensverwandtschaft zwischen diesem neuen Phänomen der Massenvergnügung, das vor den Augen europäischer Stadtbewohner ein nachgestelltes »Anderes« präsentierte, und den zeitgenössischen Entwicklungen der Ethnografie.[75] In den über 70 Schauen und Installationen, die Hagenbeck im Laufe seiner Karriere ab 1875 organisierte, wurden unterschiedliche Gruppen in Szene gesetzt, von der dreiköpfigen Familie bis zur Karawane mit über hundert Darstellern. Die Völkerschauen machten auf Jahrmärkten, in Parks, in Zoologischen Gärten und Museen halt und stellten fiktive »Dörfer« nach, die von Hagenbecks Geschäftspartner,

75 Vgl. Ames 2004, S. 313-326; Ames 2009; für Frankreich vgl. insbes. Blanckaert 2013.

dem Tiermaler Heinrich Leutemann, gestaltet wurden. Oder sie boten ein Showprogramm mit Tänzen, Gesängen und Ritualen usw. Eric Ames zufolge verbanden sich diese Inszenierungen mit einer Legitimierung der deutschen Kolonialpolitik, die zwischen 1884 und 1919 in Afrika betrieben wurde, in einer Art »Voyeurismus«, der dazu einlud, Fremdheit zu »domestizieren«, »ohne sich den Gefahren des Dschungels oder den Zähnen des Tigers aussetzen zu müssen«, wie die Presse es zur damaligen Zeit anpries.[76] Ames hebt den »hypermimetischen« Charakter der Installationen hervor, die ihre Authentizität mit der Ausstellung zahlreicher Artefakte wie Werkzeuge, Kleidung, Schmuck, Küchenutensilien, Musikinstrumente usw. zu belegen suchten. So reisten die Bella-Coola-Indianer, die auf Hagenbecks und Jacobsens Initiative zwischen September 1885 und Juli 1886 in Berlin und in etwa zwanzig weiteren deutschen Städten gastierten, beispielsweise mit einem Holzhaus und zwei demontierbaren Totempfählen, die sie an jedem Spielort ihrer Tournee wieder aufbauten.[77] Ames gibt zu bedenken, dass der Grat zwischen solchen »anthropologischen Ausstellungen« und der Erhebungsarbeit der Ethnologen sehr schmal sein konnte, und dass Erstere sich gleichzeitig ebenso an ein »Massenpublikum« wie an eine »Elite wissenschaftlicher Experten« richteten, auch wenn keinerlei Garantie bestand, dass diese beiden unterschiedlichen Publikumsarten gleichermaßen für sich eingenommen werden konnten.[78] Dass die Brüder Jacobsen über 1500 ethnografische Artefakte für das Königliche Museum für Völkerkunde in Berlin zusammentrugen und sich gleichzeitig an der Organisation der Bella-Coola-Tournee beteiligten, zeugt von dieser Vermischung der Genres. Diese Vorführungen stellten ein wahrhaftes wissenschaftliches Ereignis dar – nicht nur für Boas und Stumpf, wie wir gesehen haben, sondern auch für Rudolf Virchow zum Beispiel. Weni-

76 Vgl. Ames 2004, S. 317.

77 Vgl. Ames 2009, S. 107.

78 Ebd. Jacobsen bedauerte in Hinblick auf die Bella Coola zum Beispiel den krassen Gegensatz zwischen der hellen Begeisterung der Akademiker und Gelehrten, die den Darbietungen beigewohnt hatten, und dem geringen Interesse der anderen Publikumsgruppen (vgl. ebd., S. 108).

ger Interesse bekundete jedoch die breite Masse, die von einer anderen Show, die zur selben Zeit in Berlin vorgeführt wurde, weitaus mehr angezogen wurde: den »Sitting Bull Sioux-Indianern«, einer Gruppe von dreißig Männern, Frauen und Kindern mit sechzehn Pferden, Flinten und Federschmuck.[79] Die Kontinuität zwischen Hagenbecks »ethnografischen« Tourneen und der Praxis der von Boas im New Yorker Museum of Natural History gestalteten »Diaoramen« ist von Noémie Étienne in ihrer eingehenden Untersuchung von Boas' Dioramen im Vergleich mit den Dioramen, die der Anthropologe Arthur C. Parker, ein Abkömmling der Seneca-Indianer, im Museum von Albany eingerichtet hatte.[80] Aufgrund der künstlichen Konstruktion einer erstarrten Authentizität und vor allem der überheblichen Haltung gegenüber den ausgestellten Kulturen ist, wie [der Anthropologe?] Alban Bensa in *La Fin de l'exotisme* (Das Ende des Exotismus) zu denken gibt, die Erinnerung an diese Ausstellungsarten nicht weniger problematisch als die Erinnerung an die Völkerschauen. Daher drängt sich eine Frage auf: Könnten Boas' Bruch mit der Institution Museum, die Kündigung seiner Anstellung am Museum of Natural History und seine immer entschiedenere Parteinahme für die Betrachtung der sprachlichen Dimension der indianischen Kulturen nicht als Zurückweisung des exotisierenden Paradigmas musealer Vulgarisierung und ihrer degradierenden Folgen gedeutet werden? Es gibt kein ausdrückliches Zeugnis von Boas, das diese Hypothese gänzlich belegen würde. Dass er sich jedoch wissentlich von einem allzu reifizierenden Ansatz ethnologischer Ausstellung distanzierte, ist in der Begründung seiner Kündigung von 1905 und in seiner wissenschaftlichen Praxis belegt: Seine stetig wiederholte Aufforderung, die Befragten als Autoren eines Diskurses und ihre Objekte als Diskursobjekte aufzufassen, lief darauf hinaus, nicht nur dem Hören von Sprache den Vorzug zu geben, sondern auch dem Hören einer als dem indianischen Diskurs inhärent gedachten Intertextualität und Polysemie. Ein im Bureau of American Ethnology von Washington aufbewahrtes Dokument aus dem

79 Ebd., S. 108.
80 Étienne 2020.

Jahr 1903 belegt, dass Boas seine Schüler dazu aufforderte, »Objekte zusammenzutragen; Erklärungen zu ihnen zu erhalten und Texte aufzufinden, die mit ihnen in Bezug stehen, d.h. die sich teils auf diese Objekte, teils einfach auf abstrakte Elemente bezüglich dieser Völker berufen; schließlich auch grammatische Informationen zusammenzutragen«.[81] Ein solches Forschungsprogramm war auf Textproduktion ausgelegt. Es schloss den Rückgriff auf technische Mittel wie Tonaufnahme oder Dokumentarfilm nicht aus (Boas selbst drehte 1930 bei den Kwakiutl einen 55-minütigen Film), doch es machte auf alle Fälle stumme Ausstellungsdispositive wie Dioramen oder Ausstellungsvitrinen hinfällig.

81 Zit. von Hinsley/Holm 1976, S. 314.

Texte ohne Autor? Boas und Lévi-Strauss

Lévi-Strauss und die Tabellen der *Indianischen Sagen*

Die Begegnung zwischen Franz Boas und Claude Lévi-Strauss, auf die wir nun näher eingehen möchten, um anhand von Annäherungen und Differenzierungen das Spezifische von Boas' Herangehen an indianische Texte genauer zu umreißen, stand ganz unter dem Zeichen des Interesses der Anthropologie für die Sprache. Es war Roman Jakobson, der die beiden Wissenschaftler miteinander bekannt machte. Lévi-Strauss begann zu diesem Zeitpunkt gerade, die Fruchtbarkeit einer Verknüpfung von Anthropologie und Sprachwissenschaft zu ermessen, und um diese Problematik herum entwickelte sich auch ihre persönliche Beziehung: »Jakobson hat mich an die Schriften und das Denken von Baudouin de Courtenay, Saussure und Troubetzkoy herangeführt. Ihm habe ich auch die Begegnung mit Boas zu verdanken, zu dem er mich eines Abends zum Essen mitnahm. [...] Jakobson ging oft zu Boas, der damals 83 oder 84 Jahre alt war. [...] Trotz seines fortgeschrittenen Alters verfolgte dieser Jakobsons Neuorientierung der Sprachwissenschaft mit ebenso viel Sympathie wie Scharfsinn.«[82] In dieser Anfang der 1970er Jahre veröffentlichten Erinnerung beschreibt Lévi-Strauss Boas als einen Autor, dessen entscheidender Beitrag darin bestand, die linguistischen Paradigmen weiterentwickelt und den Gegenstand der Anthropologie in enger Verbindung mit einer Reflexion über die Sprache gedacht zu haben. Diese epistemologische Dimension hebt Lévi-Strauss – über Jakobsons Vermittlung – mehr noch hervor als Boas' »Methode«, die darin bestand, sich ins Feld zu begeben, um Sprachen zu lernen und Texte zu erheben. Zwar hat sich Lévi-Strauss ebenfalls mit dieser empirischen Dimension der Arbeit von Boas und dessen Schülern befasst, doch begann er selbst erst dreißig Jahre später, auf seinen zwei Reisen nach British Columbia (1973 und 1974), sie zu experimentieren. Zunächst

82 Lévi-Strauss 1971a.

entdeckte er bei Boas die Herleitung einer grundlegenden Hypothese, der er in der Konstruktion des strukturalistischen Paradigmas einen zentralen Stellenwert einräumte: der Idee, dass zusammengetragene Texte, Mythen und Objekte nicht *in sich selbst* den Schlüssel ihrer Bedeutung besaßen, sondern – analog zu den Wörtern einer Sprache – erst *im Bezug zueinander* einen Sinn ergaben. Ohne der »Illusion des Vorläufers«, wie Georges Canguilhem es nannte, zu erliegen, kann man behaupten, dass Boas bereits zu Beginn seines Werkes, im Vorwort der *Indianischen Sagen* (1895), einen Ansatz eingeführt hat, der kulturelle und sprachliche Objekte der verschiedenen Stämme der Nordwestküste als durch eine *Reihe signifikanter Beziehungen* verbunden darstellte. Dies war eine seiner folgenreichsten wissenschaftlichen Intuitionen, deren ganze Tragweite Lévi-Strauss ermessen hat. Sie führte Boas bereits zu Beginn seiner Feldforschungen in Nordamerika zum einstweiligen Verwurf des Modells der monografischen Spezialisierung und zur Konzeption eines größer angelegten Forschungsprojekts zu verschiedenen indianischen Stämmen. Bei aller Aufmerksamkeit, die er der Untersuchung der Kwakiutl widmete, und die sich beginnend mit der Monografie *The Social Organization and the Secret Societies of the Kwakiutl Indians* (1897) im Laufe seines Lebens in zahlreichen Publikationen niederschlug, ließ er die Untersuchung der benachbarten Stämme nie außen vor. Mit diesen hatten die Kwakiutl nämlich, einer besonders komplexen Konfiguration zufolge, bestimmte Merkmale gemein – ein wahrhaftiges wissenschaftliches Rätsel, das Boas begeisterte und von dem er im Laufe seiner Karriere unterschiedliche und zuweilen widersprüchliche Versionen lieferte. Insbesondere die Kombination eines matrilinearen und eines patrilinearen Modells bei den Kwakiutl bot ihm ein Bild von großer Subtilität, in dem er ein Geflecht von Modellen zu erkennen und aufzulösen versuchte, das noch viel verworrener war als in den benachbarten Stämmen, wo in der Regel die Vorherrschaft des einen oder anderen Systems offensichtlich war.[83] Diese textile Metapher – Boas selbst begeisterte sich für

83 Diese Tabelle zum Verwandtschaftssystem der Kwakiutl, die Boas im Laufe seines Werkes kontinuierlich überarbeitete, wurde von Lévi-

die Muster (*pattern*) der indianischen Web- und Flechterzeugnisse – soll an dieser Stelle die Parallele zur Sprache ergänzen, um klarzumachen, dass sich die Phänomene der Verlagerung, Anleihe oder Neuerfindung, auf die Boas sein besonderes Augenmerk legte, in multiple Richtungen entfalteten und dass die ihnen zugrundeliegenden Stratifikationen offensichtlich bei Weitem nicht so eindeutig und die Bewegungen weitaus weniger einseitig waren als die, die unter dem Begriff »Diffusionismus« zusammengefasst wurden.

Betrachtet man Boas' Werk aus der Perspektive von Lévi-Strauss, kann man demnach eine erste Feststellung machen: Wenn Boas mit einer solch außergewöhnlichen kollektiven Energie, die über mehrere Generationen hinweg Dutzende von Forschern mobilisierte, ein so gewaltiges Sammlungsprojekt – mit Schwerpunkt auf der linguistischen und textuellen Sammlung wohlgemerkt – umsetzte, dann tat er das nicht nur im Zuge der von der amerikanischen Regierung organisierten, auf Quantität angelegten Großexpeditionen oder in der Hast einer zu endloser Akkumulation verurteilten Rettungsethnologie. Sein oberstes Ziel war die Erstellung einer differenzierten kulturellen Kartografie, deren Komponenten *jeweils in Bezug zu den anderen ihre Bedeutung gewinnen* sollten.

Es ist sicherlich nicht ganz ohne Belang, dass Lévi-Strauss 2002, im Alter von 94 Jahren, seine Genehmigung für die Wiederauflage eines seiner Texte (von 1984) als Vorwort für die erste englische Übersetzung von Boas' *Indianische Sagen* gab:[84] eine Rückkehr zum Ursprung, für Lévi-Strauss wie auch für Boas (bei dieser Textsammlung handelt es sich um eine seiner ersten Publikationen). Lévi-Strauss beschrieb dieses Werk als »eine der reichsten Mythensammlungen, über die wir für den gesamten amerikanischen Kontinent verfügen, die aufgrund der Epoche, in der ihr Autor sie veröffentlicht hat, umso kostbarer geworden ist«.[85] Er beschrieb Boas als »den größten Ethnologen aller Zeiten«, »den letzten unter jenen Geistesgrößen, die

Strauss im Kapitel »L'organisation sociale des Kwakiutl« in *La voie des masques* (Lévi-Strauss 2006a, S. 990-1012) zusammengefasst und ergänzt.

84 Boas 2002.

85 Lévi-Strauss 1984, S. 4.

das 19. Jahrhundert vorzubringen vermochte und die es wahrscheinlich nie wieder geben wird«, und zeigte sich ihm dankbar gegenüber, dass er »ein halbes Jahrhundert lang eine gewaltige Menge an Informationen [gesammelt hat], über Gesellschaften, die aufgrund der Pracht ihrer Kunst, der Originalität ihres Wirtschaftslebens, des Reichtums ihrer gesellschaftlichen Organisation und ihrer Glaubensvorstellungen einen der vorderen Plätze auf der großen Bühne der Menschheit einnehmen«.[86] Der markanteste Fund, den Lévi-Strauss in den *Indianischen Sagen* gemacht hatte, waren allerdings nicht die seltenen Versionen bestimmter indianischer Mythen, sondern das von Boas verfasste Nachwort zur Textsammlung, genauer, die darin enthaltenen *Tabellen*, die für ihre Lektüre ausschlaggebend waren.

In den umfangreichen Tabellen des Nachworts wird die Entwicklung der Mythen schematisiert: Die Zeilen enthalten verschiedene Episoden oder narrative Sequenzen und in den Spalten sind die Namen der Indianerstämme angeführt, in denen eine Variante von ein und derselben Erzählung gefunden werden konnte. Damit postulierte Boas von Anfang an nicht nur, dass die Mythen sich durch Hinzufügung oder Weglassung einer Reihe narrativer Zellen oder »Episoden« konstruierten, sondern vor allem, dass der Schlüssel zur Untersuchung der Mythen in der eingehenden Betrachtung ihrer Zirkulationswege und ihrer Modifikationen lag. Allein die Existenz dieser Tabellen legt nahe, dass eine Legende sich nicht in einem einzelnen Stamm untersuchen ließ, sondern nur auf der Ebene aller Stämme, zwischen denen sie zirkulierte. Daraus ergab sich, wie Gildas Salmon betont, der Übergang von der separaten Untersuchung der Mythen zur Untersuchung eines Korpus, in dem der Mythos immer im Plural verstanden wurde.[87] Die Tabelle war »die Form, anhand der die Ausbreitung der Mythen materialisiert werden konnte«: »ein Bruch mit der Linearität der Erzählung«. »Boas nutzt die Zweidimensionalität der grafischen Oberfläche, um für jede Episode alle Entsprechungen aufzuzeigen, die in anderen Teilen des Korpus zu finden sind.«[88]

86 Ebd.
87 Salmon 2017, S. 356.
88 Ebd., S. 361.

	Tlingit	Tsimschian	Bilqula
1. Fraugebiert einen Sohn nach Verschluckung von Steinen. Derselbe besiegt seinen Onkel und wird der Rabe	Krause, S. 254	—	—
2. Kind einer Todten fliegt in den Himmel und wird der Vater des Raben	—	S. 272	—
3. Der Rabe raubt die Sonne	S. 311	S. 276	S. 242
4. Verwandelt Fischer durch Befreiung des Lichtes	S. 313	S. 276	—
5. Raubt das Süsswasser	S. 313	S. 276	—
6. Verliert den Weg im Nebel.	Krause, S. 260	Vorhanden	—
7. Tödtet den Bären und reisst dem Kormoran die Zunge aus.	S. 317	Vorhanden	S. 244
8. Stiehlt Köder von den Angeln der Fischer, die mit der Angel seine Nase abreissen	S. 314	Vorhanden	—
9. Verlockt den Lachs, nahe heran zu kommen und tödtet ihn dann	Krause, S. 264	S. 277	—
10. Tödtet den Harzmann	Krause, S. 265	Vorhanden	—
11. Sendet Leute unter dem Vorwande fort, dass Feinde kommen, und frisst ihren Proviant	S. 316	Vorhanden	—
12. Verwandelt seine Gäste	S. 317	S. 277	—
13. Erwiedert Einladungen und vermag nicht seinen Gästen etwas vorzusetzen.	—	Vorhanden	S. 245
14. Die Beute des Raben wird gefressen, während er nicht darauf Acht giebt. . .	Krause, S. 265	Vorhanden	—
15. Der Rabe, vom Wal verschlungen, tödtet denselben	S. 315	—	—
16. Der Hirsch holt das Feuer	S. 314	Vorhanden	—
17. Der Rabe raubt den Häring von der Möwe, beschmiert sein Boot damit, und geht zum Fischer. Er giebt vor Fische zu haben und veranlasst den Fischer so, die seinen zu vertheilen	Krause, S. 263	Vorhanden	—

Abb. 9: Ausschnitt aus einer Übersicht zum Vorkommen unterschiedlicher Episoden eines Krähen-Mythos in mehreren indianischen Stämmen (F. Boas: Indianische Sagen, 1895, S. 330).

Der Entwurf dieser auf den ersten Blick extrem einfach anmutenden Tabellen, dargestellt als Verzeichnis von Mythensequenzen, die bei den unterschiedlichen Stämmen gefunden wurden, setzte drei wichtige theoretische Propositionen voraus, die von Boas zwar nicht als solche formuliert wurden, jedoch das implizite Korrelat einer derartigen Modellierung waren:

– Die erste Proposition, aus der Lévi-Strauss alle Schlussfolgerungen zu ziehen wusste, war der Verzicht auf die Bestimmung einer »Ursprungs«-Version eines gegebenen Mythos, von der aus alle anderen Versionen mehr oder weniger »deformiert« abgeleitet wären: Die Vorstellung einer vertikalen Genealogie, die in der Wahrhaftigkeit einer mythischen Ur-Substanz gipfelte, machte bei Boas dem Modell einer horizontalen Zirkulation Platz, wo der Mythos in jeder einzelner seiner Varianten grundsätzlich präsent war.[89] So führten die Verbreitung des Mythos und seine Neuerzählungen keinerlei ontologischen Verlust herbei. Die Aufgabe des Ethnologen bestand somit nicht mehr in der Suche nach einer Ur-Version, sondern in der Untersuchung von Verbreitungswegen. In einem solchen epistemologischen Rahmen definierten sich die Kulturen nicht mehr durch eine geschlossene Identität, sondern durch Übertragung, Assimilation und Neuerfindung von Inhalten, die zwischen ihnen zirkulierten.

- Die zweite Proposition, deren theoretische Konsequenzen ebenfalls von Lévi-Strauss herausgearbeitet wurden, bestand in dem Postulat der Existenz narrativer Kerne als Grundlage der Mythen-Konstruktion, in deren Mittelpunkt in der Regel die Irrungen und Wirrungen einer menschlichen oder tierischen Figur stehen. Somit erschien der Mythos als eine *sequenzielle Erzählung* – wie das Märchen, das drei Jahrzehnte später von Vladimir Propp in *Morphologie des Märchens* (Orig. 1928) analysiert wurde. Die Möglichkeit, den Text eines Mythos in eine Aneinanderreihung von Sequenzen zu übertragen, die dessen Armatur oder »Gerüst« (Lévi-Strauss)[90] freilegten, ohne den Wortlaut des gesamten Textes[91] zu übernehmen, stellte eine besondere Form der »Übersetzung« dar, von der Boas in der Tat in den Tabellen seiner *Indianischen Sagen* Gebrauch machte.
- Als Korrelat zur vorangehenden machte die dritte Proposition die potenziell verzweigte Struktur dieser narrativen Sequenzen, zwischen die sich beliebig viele weitere Episoden schieben konnten, zur Bedingung der Möglichkeit der

89 Vgl. Salmon 2013; vgl. auch ders. 2017, S. 355-366.

90 Lévi-Strauss 1971b, S. 259: »Gerüst wollen wir eine Gesamtheit von Merkmalen nennen, die in zwei oder mehreren Mythen invariant bleiben«.

91 »Die so übertragene Erzählung stellt demzufolge nur das formale Gerüst des Mythos dar, das den Inhalt der Botschaft an sich vorübergehend dem Text überlässt.« (Greimas 1966, S. 37). Greimas spricht von »Sequenzen«, aber auch von »narrativen Syntagmen« oder »syntagmatischen Einheiten der Erzählung« (ebd., S. 31).

Mythen-Zirkulation. Erweiterungen des Mythos konnten folglich weder vordefiniert noch mit einer normierten und begrenzten Reihe an Episoden, die den »echten« Mythos ausmachten, identifiziert werden. Im Gegenteil: Betont wurde die der Mythenproduktion innewohnende generative Dimension narrativer Aktivität. A. J. Greimas bezeichnete dies später als »relativ offene Kombinatorik«.[92] Umgekehrt konnten bestimmte Episoden auch von einer Version zur anderen wegfallen, ohne dass dadurch die Identifikation des Mythos infrage gestellt wurde. Der Raum der mündlichen Improvisation wurde auf diese Weise nicht als Störung einer ursprünglichen Ordnung betrachtet, sondern als Aktivierung einer in der narrativen Struktur des Mythos eingeschriebenen Potenzialität. Demnach präsentierte sich der Mythos nicht als abgeschlossener Text, sondern als ein für Variation grundsätzlich offenes Sprachobjekt.

Texte ohne Autor?

Wie kann man erklären, dass Boas die Produktionsbedingungen der von ihm editierten Texte, vor allem die Namen der Informanten und die Umstände der Erhebung, mitunter verschwieg? Waren Fahrlässigkeit bzw. Inkonsequenz die Ursache, oder eine Diskrepanz zwischen seiner Forschungspraxis und seiner eigenen Methodologie? Oder dachte er nicht vielmehr mythische Texte als ein auf die Dimensionen eines ganzen Stammes erweitertes Korpus und als Textart, die im strengen Sinne keinem Individuum gehören kann? Betrachtete etwa bereits Boas den Mythos als Text *ohne Autor*? So wie Lévi-Strauss einige Jahrzehnte später in *Le Cru et le cuit* (1964; dt. *Das Rohe und das Gekochte*), wo er durchaus explizit formulierte: »Wenn man nun fragt, wo sich der wahre Kern des Werkes findet, muß man antworten, daß es unmöglich ist, ihn zu bestimmen. […] Mythen haben keinen Autor; sobald sie als Mythen wahrgenommen werden, was immer ihr Ursprung sein mag, gibt es sie nur in einer Tradition verkörpert. Wenn ein Mythos erzählt

92 Ebd., S. 36.

wird, empfangen die Hörer eine Botschaft, die eigentlich von nirgendwo her kommt; dies ist ein Grund, weshalb man ihm einen übernatürlichen Ursprung zuschreibt.«[93]

Ein Korrelat dazu ist letztendlich die mögliche Infragestellung des Status der Mythentranskriptionen: Waren sie als vollendete Texte zu betrachten, d.h. als Texte, die jenen Grad an Vollständigkeit besitzen, ab dem ein geschriebener Text keine Veränderung mehr duldet, oder konnten sie beliebig neu geschrieben werden? Lévi-Strauss hat diese Infragestellung mit der Idee, dass die Übersetzung von Mythen nicht zwangsläufig die Einhaltung einer Wörtlichkeit verlangte, sehr weit getrieben. Bereits die Existenz der in Boas' Tabellen verzeichneten narrativen Kerne barg für ihn die Möglichkeit einer Übersetzung-Übertragung der Mythen in eine Aneinanderreihung von narrativen Einheiten bzw. einer Neuformulierung jenseits jeglichen Zitierens oder Wort-für-Wort-Übersetzens. 1955 schrieb Lévi-Strauss in »Die Struktur der Mythen«:

> »Die Poesie ist eine Form der Sprache, die nur unter großen Schwierigkeiten in eine andere Sprache übersetzt werden kann, und jede Übersetzung bringt zahlreiche Deformationen mit sich. Dagegen bleibt der Wert des Mythos als Mythos trotz der schlimmsten Übersetzung bestehen. Unsere Unkenntnis der Sprache und der Kultur der Bevölkerung, bei der man einen Mythos entdeckte, mag noch so groß sein, er wird doch von allen Lesern in der ganzen Welt als Mythos erkannt. Die Substanz des Mythos liegt weder im Stil noch in der Erzählweise oder der Syntax, sondern in der *Geschichte*, die darin erzählt wird.«[94]

So entsprach die Übertragung der Mythen Lévi-Strauss zufolge einer Form der Übersetzung, deren Besonderheit in der Möglichkeit lag, die formalen Dimensionen des Gesagten relativ unberücksichtigt zu lassen. Während bei anderen Übersetzungstypen sämtliche formalen Kriterien des Ausgangstexts berücksichtigt werden mussten – z.B. bei der Übersetzung von Poesie, wo der ursprüngliche Text ein Absolutes darstellt,

93 Lévi-Strauss 1971b, S. 33f.
94 »Die Struktur der Mythen«, in: ders. 1967, S. 226-254, hier S. 230f.

dessen Primat nicht infrage gestellt werden kann und dessen Übersetzungen eine perfekte Wiedergabe wenn nicht erreichen kann, so zumindest anzustreben hat, ohne je über ihren ontologisch zweitrangigen Status hinauszuwachsen –, ließ der dem Mythos eignende Modus der Übersetzung-Übertragung die Idee eines »originalen« Ausgangstexts verschwinden und relativierte die Bedeutung der literarischen Merkmale der Mythen. Im perfekten Einklang mit dieser Definition der Übersetzung der Mythen entwickelte Lévi-Strauss in seinen gesamten Schriften zu den Mythologien eine Praxis der *Paraphrase* – oder der »synkretischen Zusammenfassung«,[95] wie er selbst es nannte – bei der er zwar im Anmerkungsapparat auf existierende Editionen der jeweiligen Mythen verwies (insbesondere auf sämtliche von Boas und dessen Mitarbeitern publizierten Editionen), es selbst jedoch vermied, sie im Wortlaut wiederzugeben, geschweige denn – und dies ist aus der Perspektive unserer Problematik maßgeblich – neue Übersetzungen oder Editionen vorzuschlagen. Ebenso konsequent war er in der Regel nicht darauf bedacht, die Identität der Person, bei der die transkribierten Texte aufgelesen wurden, genauer anzugeben. Mythen – Texte ohne Autoren – brauchten nicht »buchstabengetreu« wiedergegeben zu werden.

Dahingegen war die Methode, die Lévi-Strauss mit der Übersetzung von Lyrik assoziierte, ganz und gar vergleichbar mit derjenigen, die Boas' Praxis der Sammlung und Übersetzung von Mythen zugrunde lag: Die direkte Kenntnis der betroffenen Sprachen und eine ausgeprägte Aufmerksamkeit für »Stil«, »Narrationsmodus« und »Syntax« waren für Boas unverzichtbare Voraussetzungen für eine Untersuchung der Mythen und für ihre Übersetzung. Seine im Vorwort zu den *Indianischen Sagen* und den umfangreichen Tabellen, die die Verbreitungswege der Mythen nachzeichnen, begonnene »Modellierungs«-Arbeit führte Boas nicht direkt fort. Er veröffentlichte im Anschluss keine neuen nach narrativen Sequenzen geordneten Tabellen mehr; er setzte vielmehr alles daran, mit der Unterstützung einer wachsenden Zahl von Mitarbeitern Textsammlungen zu liefern, deren Darstellungsweise, wie

95 Ders. 1987, S. 122.

wir gesehen haben, variierte, die jedoch systematisch nach »Stämmen« zusammengefasst wurden und eine möglichst wortgetreue Wiedergabe des »originalen« Textes anstrebten. Mit einer Kartografie der Mythen-Zirkulation innerhalb dieses großen Ensembles der Textsammlungen beschäftigte Boas selbst sich nicht. Ebenso wenig organisierte er seine Texteditionen in Korpora, die auf der Zirkulation ein und desselben Mythos zwischen verschiedenen Stämmen fokalisierten. Dieses Projekt wurde von Lévi-Strauss ausgehend von neuen methodologischen Prämissen zu einem späteren Zeitpunkt umgesetzt.

Die Untersuchung der Entstehungsgeschichte der Tabellen in *Indianische Sagen* legt nahe, dass Boas' Verwendung von Kreuztabellen für die Erforschung von Mythen-Sequenzen demselben wissenschaftlichen Impuls entsprang wie seine Praxis der *Statistik* und der numerischen Modellierung. Ein 1889 vom britischen Anthropologen Edward Burnett Tylor (1832-1917) veröffentlichter Text hatte Boas' Aufmerksamkeit auf die Relevanz einer statistischen Analyse ethnografischer Daten gelenkt. Tylor zeigte, dass die unterschiedlichen auf der Welt existierenden Formen sozialer Organisation sich »anhand von Tabellen und Klassifizierungen« untersuchen ließen, nach einem Ansatz, den er als »soziale Arithmetik«[96] bezeichnete. Boas, von der Arbeit seines britischen Kollegen beeindruckt,[97] reiste zu dieser Zeit nach England, um neben Francis Galton, dem Pionier der modernen Statistik, auch Tylor kennenzulernen. In einem 1889 an Tylor adressierten Brief erwähnte Boas sein Vorhaben, in einer Untersuchung der Mythen, die er auf seinen ersten beiden Feldforschungen zusammengetragen hatte, den statistischen Ansatz zu verwenden, um deren »Migration nachzuzeichnen«.[98] Wie bei der kurzen Betrachtung von Boas' Verhältnis zu den Naturwissenschaften und den quantitativen Methoden weiter oben bereits erwähnt, ist die Versuchung groß, seine kolossale Editionsarbeit indianischer Texte als Bruch mit den statistischen Paradigmen zu betrach-

96 Tylor 1889.
97 Vgl. Lowie 1947, S. 305.
98 Franz Boas an Edward Burnett Tylor, 6. März 1889 (APS-Archiv).

ten. Sie wird allerdings Boas' Anspruch, eine »Einheit der Wissenschaft« zu bewahren und die Einteilung in »Naturwissenschaften« und »Kulturwissenschaften«, in quantitative und qualitative Wissenschaften, Modellierung und Philologie abzulehnen, nicht gerecht. Auch wenn Boas in den Jahrzehnten nach der Veröffentlichung der *Indianischen Sagen* dazu nicht ausdrücklich Stellung bezogen hat, liegt die Vermutung nahe, dass seine Abkehr von der Methode der Tabellen narrativer Mythensequenzen nicht als Paradigmenwechsel, sondern vielmehr als *Maßstabswechsel* verstanden werden muss. Maßstabswechsel in dem Sinn, dass Boas mit zunehmender Kenntnis der mythischen Texte relativ schnell die noch in seinem Brief an Tylor erwähnte Idee verwarf, den komplexen Verlauf ihrer »Migrationen« nachzeichnen zu wollen, und seine Forschungspraxis in einer differenzierteren Beobachtung zu verankern versuchte, auch innerhalb ein und desselben Stammes. In einem Antwortschreiben an seinen ehemaligen Schüler Alfred Kroeber wehrte sich Boas 1936 gegen die Unterstellung, seine physikalische Ausbildung hätte auf seine gesamte Forschung »abgefärbt«.[99] Mit den *Indianischen Sagen* hatte Boas die Erfahrung gemacht, dass die statistischen Methoden, über die er zu dieser Zeit verfügte, unmöglich auf mythologische Elemente übertragen werden konnten: Er sei, nachdem er »der erste [war], der nach Tylors Artikel von 188[9] diese Methode auf dem Gebiet der Mythologie getestet hat«, zu dem Schluss gekommen, dass »die Daten der Ethnologie ihrem Wesen nach nicht so durch mathematische Formeln ausgedrückt werden können, dass sie zu Ergebnissen führen, die in irgendeiner Weise überzeugender wären als diejenigen, die durch einfachere Arten des numerischen Vergleichs gesichert sind.« In einer Warnung, die er auch auf die (leichter zu beziffernden) Daten der Anthropometrie bezog, erinnerte Boas daran, dass die Vergleichsarbeit ständig durch die Frage der Vergleichbarkeit der Objekte bedroht wurde und dass immer zu prüfen war, ob »die bezifferten Materialien tatsächlich vergleichbar« sind.[100] Eine Nachstellung der Variationen »typischer« narrativer Se-

99 Boas 1936.
100 Ebd., S. 140.

quenzen zwischen den verschiedenen Stämmen blieb demnach möglich und wurde nicht verworfen. Doch Boas wollte seine Forschungen auf Variationen konzentrieren, die noch subtiler waren als diejenigen, die generell die Varianten ein und desselben Mythos in verschiedenen Stämmen unterschieden. Wie waren aber die Titel seiner Sammlungen zu verstehen: *Chinook Texts*, *Kwakiutl Texts*, *Kathlamet Texts*, *Tsimshian Texts*, *Kutenai Tales*, *Bella Bella Texts*? Bezogen sie sich auf eine wahllose Zusammenstellung von Texten, die bei einem bestimmten Stamm gesammelt wurden, oder auf den repräsentativen Charakter einer signifikanten Auswahl? Diese Frage bleibt offen.

Die Diskussion, die Claude Lévi-Strauss mit den Theoretikern und Praktikern der »Ethnopoetik« in Gang brachte – insbesondere mit Dell Hymes (1927-2009), dessen Werk in der Arbeit von Dennis Tedlock (1939-2016) eine Fortsetzung fand –, mutet wie das Echo einer Auseinandersetzung mit Boas an, die zu dessen Lebzeiten nicht hatte geführt werden können und in deren Fokus die Frage nach der Vereinbarkeit von strukturalistischem Ansatz (als fernem Erbe der Tabellen der *Indianischen Sagen*) und »literarischem« Herangehen an die Mythentexte stand. Hymes, den Begründer der Ethnopoetik, hatte Lévi-Strauss – einmal mehr – durch Roman Jakobson kennengelernt. In einem Anfang der 1980er Jahre veröffentlichten Artikel, in dem Hymes einen von Boas in verschiedenen Versionen gesammelten Mythos besprach, äußerte er seine Bedenken gegenüber der strukturalistischen Methode mit der Behauptung, sie habe »den Text verlassen«,[101] und sagte voraus, dass der Text »sich zurückkämpfen« und seiner Verdrängung entgegenhalten werde (Lévi-Strauss zitierte mehrmals die Formulierung »*the text fights back*«). Lévi-Strauss antwortete ihm mit seinem Artikel »De la fidélité au texte« [Von der Treue zum Text], in dem er auf die Komplementarität der beiden Ansätze schloss.

Hymes legte den Akzent auf die individualisierte Dimension jeder narrativen Wiedergabe eines Mythos, indem er etwa Pausen, Stillen, Veränderungen des Erzählrhythmus usw. erfasste – alles Elemente einer Stilistik der Oralität. Er war der

101 Hymes 1985, S. 432.

Ansicht, dass man, wollte man einem Mythos seinen ganzen Sinn geben, notwendigerweise die »Performance« hinter dem Text, d.h. die Entscheidungen eines identifizierbaren Erzählers, rekonstruieren musste. Er zog insbesondere dazu eine in Versform gebrachte Transkription vor.[102] Lévi-Strauss zufolge begriff die ethnopoetische Methode »jeden mythischen Diskurs als einmaliges Ereignis, das an einem bestimmten Ort und zu einer bestimmten Zeit stattgefunden hat, mit einem bestimmten Sprecher, dessen künstlerische Verfahren (›*artistry*‹) und dessen ›persönliche Stimme‹[103] man zu erfassen sucht«. Er selbst vertrat eine andere Option, nämlich die strukturalistische »Treue zum Text«, verstanden als Verweigerung jeglicher subjektiver Deutung und jeglicher Verirrung in »die Sümpfe der Hermeneutik«.[104] In einer programmatischen Aussage hatte Hymes ins Feld geführt, dass »jede Narration [eines Mythos] gemeinsame Zutaten verwendet«, aber dass »eben erst in den unterschiedlichen Arten, einen Mythos zu entfalten und ihm Form zu geben, die Bedeutung jedes Einzelnen liegt«.[105] Lévi-Strauss wandte ein, dass die Suche nach Invarianten ebenso legitim war wie die Suche nach Varianten (mit der Bemerkung »Stabilität ist nicht weniger geheimnisvoll als Wandel« brachte er es in *Strukturale Anthropologie* auf den Punkt[106]) und dass die Absicht, den Stil einer Mythen-Darbietung zu individualisieren, auf folgende Schwierigkeiten stieß: einerseits »die Identität und persönliche Geschichte eines Erzählers zu kennen« und andererseits »sich vertraut zu machen mit der Stilistik und der Poetik« der betroffenen Sprache[107] – ein Unternehmen, das, so schrieb er weiter, die Kenntnis nicht nur »aller örtlichen Versionen eines Mythos« voraussetzte, »sondern auch jener, die bei anderen Bevölkerungen, benachbarten wie manchmal weit entfernten, bekannt waren«.[108] Al-

102 Ebd., S. 391.
103 Lévi-Strauss 1987, S. 120.
104 Ebd., S. 127.
105 Hymes 1985, S. 391f., zit. von Lévi-Strauss 1987, S. 118.
106 ›Die Zweiteilung der Darstellung in der Kunst Asiens und Amerikas‹, in: Lévi-Strauss 1967, S. 267-291, hier S. 282.
107 Ders. 1987, S. 118.
108 Ebd., S. 121.

lein eine solche Kenntnis erlaubte es, signifikante Abweichungen wahrzunehmen und die jeweilige spezifische Bearbeitung der Komponenten einer Tradition durch »den kreativen Künstler« zu untersuchen.[109] Lévi-Strauss plädierte mithin für eine Zusammenarbeit von »Mythologen« und »Philologen« anstatt einer Zuspitzung des Methodenkonflikts. Allgemeiner mahnte er vor einer endlosen Regression auf *ein individuum ineffabile*: »Warum bei den Intonationen und den Pausen aufhören? Warum nicht zusätzlich zur Tonbandaufzeichnung einen Film verlangen, der die Veränderungen der Mimik, die Gesten und andere emotive Äußerungen enthüllen würde?«[110]

Lévi-Strauss war sich bewusst, dass auch Boas derartige Fragestellungen, die die ethnopoetische Strömung einige Jahrzehnte nach ihm noch ausdrücklicher formulierte, nicht fremd waren. Davon zeugen, wie bereits gesehen, seine besondere Aufmerksamkeit für die *surroundings* und die affektive Atmosphäre, die Stimmung, und sein Versuch, all dies – die visuelle, klangliche, soziale und sensible Umgebung – in die Betrachtung einzubeziehen. Davon zeugen ebenfalls die Überlegungen, die er sehr früh in seiner Arbeit im Feld zu den Bedingungen der mündlichen Weitergabe und Rezeption der Texte und zu den Umständen der Erzählung anstellte. Ein Ausschnitt aus dem Text »Eskimo Tales and Songs« (1889) soll als Beispiel dienen:

> »Die Übersetzung solcher Texte birgt besondere Schwierigkeiten. Um richtig verstanden zu werden, müssen die Sagen so gehört werden, wie der Erzähler sie im Schneehaus erzählt hat, denn die Umgebung trägt viel zu ihrem Reiz bei und erleichtert ihr Verständnis. Über den Inhalt der Sage ist oft diskutiert worden. Nun wird das Licht der Lampen gedämpft, der Erzähler legt seinen Mantel ab und zieht sich in den hinteren Teil des Iglus zurück, Gesicht zur Wand. Er streift sich die Kapuze über den Kopf, zieht seine Handschuhe an und beginnt tief zu singen, zuerst langsam, dann immer schneller, einen monotonen Sprechgesang, bis er zu einem jener Gesänge gelangt, die oft zwischen die Sagen ein-

109 Ebd., S. 131.
110 Ebd., S. 119.

gestreut werden. Diese sind noch schwieriger wiederzugeben, da die Wörter oft eher belanglos, die Sätze abrupt sind, und der Urheber davon ausgeht, dass seine Hörer mit dem Gegenstand des Gesangs vertraut sind und den Großteil erraten können. Je nach den euphonischen und rhythmischen Erfordernissen werden Wörter mitunter fast bis auf Interjektionen abgekürzt, manchmal verlängert durch seltene oder veraltete Affixe, die von der heutigen Generation nicht mehr verstanden werden [...].«[111]

Laut Helen Codere war die Unmöglichkeit, »die erlebte Erfahrung des Rituals« durch eine wissenschaftliche Analyse wiederzugeben und »die Unangemessenheit jeglicher verbalen Beschreibung« zur Wiedergabe dieser »totalen visuellen und auditiven Erfahrung«, die Rituale wie z.B. die Winterzeremonie darstellten, einer der Gründe für Boas' Zurückhaltung bei der Deutung der Texte.[112] Sie unterstrich somit Boas' – zwar immer enttäuschtes aber stets präsentes – Anliegen, die differenziertesten Abwandlungen der mündlichen Rede in ihrer Gesamtheit wiederzugeben, wie wir weiter oben in der Untersuchung des Motivs der »Tonblindheit« bereits feststellen konnten. Es war schwer möglich, alle Bestandteile der »Performance« zu berücksichtigen, doch Boas wünschte, dass Transkriptionen von Texten »so gehört werden, wie sie vom Erzähler vorgetragen wurden«.

Die von Lévi-Strauss an Hymes adressierte Kritik konnte also gewissermaßen auch für Boas gelten, dem der französische Anthropologe zur Last legte, sich auf eine verzweifelte Suche nach Differenzierungen begeben zu haben – eine Unternehmung der »Mikrogeschichte« mit zwangsläufig »negativem« Ergebnis: »So bringt Boas den Anspruch eines Physikers mit, die Geschichte von Gesellschaften zu schreiben, über die wir nur Dokumente besitzen, die den Historiker entmutigen würden. Wenn es ihm gelingt, reichen seine Rekonstruktionen wirklich an die Geschichte heran, aber an eine Geschichte des flüchtigen Augenblicks, der allein erfasst werden kann, eine *Mikrogeschichte*, die ebenso wenig an die Vergangenheit ange-

111 Boas/Rink 1889, S. 123.
112 Helen Codere in: Boas 1966, S. 171f.

schlossen werden kann, wie die *Makrogeschichte* des Evolutionstheoretikers und des Diffusionstheoretikers diese Vergangenheit erfassen konnte.«[113] Lévi-Strauss schrieb Boas einen »Nominalismus« zu, der dazu neigte, alle untersuchten Fälle bis zum äußerst Individuellen zu unterscheiden, und er bemerkte, dass die amerikanische Anthropologie, indem sie Malinowskis Funktionalismus folgte, Boas' Methode entschieden den Rücken gekehrt hatte. In diesem Methodenstreit bezog Lévi-Strauss zwar eindeutig Stellung für Boas,[114] konnte aber nicht umhin, dessen Hang zur »Regression ins Unendliche« als Sackgasse zu kritisieren. Boas sei es nicht gelungen, »die den vielfältigen Formulierungen zugrundeliegende Struktur«[115] und »die logische Architektur« zutage zu fördern, die es erlaubt, das Vielfältige anders denn als etwas rein »Willkürliches« aufzufassen. Lévi-Strauss lieferte mehrere Beispiele einer strukturalistischen Bearbeitung des von Boas gesammelten und editierten indianischen Sprachmaterials: 1949 bot er in seinem Artikel »Le sorcier et sa magie« (dt. Der Zauberer und seine Magie) eine Lektüre eines autobiografischen Fragments in Kwakiutl-Sprache, das 1930 von Boas in *The Religion of the Kwakiutl* veröffentlicht wurde (tatsächlich stammt es, wie wir weiter oben gesehen haben, von George Hunt, dessen Name von Lévi-Strauss nicht erwähnt wird), und in dem eine Figur namens Quesalid die Betrügereien von falschen Schamanen anprangert. 1957 präsentierte Lévi-Strauss in »La Geste d'Asdiwal« (dt. Die Sage von Asdiwal) eine strukturale Lektüre von vier Versionen ein und desselben Tsimshian-Mythos, die alle nacheinander von Boas publiziert worden waren.[116]

Während Boas mal der Modellierung der Zirkulationswege von Mythensequenzen auf der Ebene einer Gruppe von Stämmen, mal der Aufmerksamkeit für die Merkmale eines individuellen Stils mehr Gewicht verlieh, bald der Vorstellung einer »entpersonalisierten« Mythenproduktion nachging, bald seinem Interesse für die unaussprechlichsten Bestandteile der

113 »Einleitung: Geschichte und Ethnologie«, in: Lévi-Strauss 1967, S. 11-40, hier S. 20.
114 Ebd., S. 22.
115 Ebd., S. 36.
116 Lévi-Strauss 1957.

»Performance« desjenigen, den er im vorangehend zitierten Text als »Urheber« bezeichnet, enthüllte Lévi-Strauss bei ihm eine weitere Ambiguität: diejenige, »unbewusste« Phänomene als Fokalpunkt seiner Forschungen zu bezeichnen, während er gleichzeitig auf »bewusste« Aussagen angewiesen blieb. Boas hatte »von 1911 an das Prinzip der Unbewusstheit sprachlicher Phänomene formuliert und damit deren bevorzugte Stellung für die Untersuchung der sozialen Gegebenheiten gerechtfertigt« – ein Prinzip, »das im Anschluss eine wichtige Rolle im Denken von Jakobson und, so fügte Lévi-Strauss hinzu, in [s]einem eigenen spielte«.[117] Doch er war trotzdem »im Bereich des bewußten Denkens der Individuen«[118] verblieben. Das Begriffspaar »unbewusst/bewusst« wurde nicht im Nachhinein eingeführt, sondern von Boas selbst. »Boas kommt das Verdienst zu, mit bewundernswertem Scharfsinn die unbewußte Natur der kulturellen Phänomene definiert zu haben, in den Texten, in denen er von diesem Gesichtspunkt aus durch Vergleich mit der Sprache die fernere Entwicklung des linguistischen Denkens [...] vorweggenommen hat.«[119] Zur Bekräftigung dieser Aussage zitierte Lévi-Strauss eine entscheidende Passage aus Boas' Einleitung des *Handbook of American Indian Languages* (1911): »Der wesentliche Unterschied zwischen den sprachlichen und kulturellen Erscheinungen liegt darin, dass die ersten niemals aus dem klaren Bewußtsein stammen, während die letzteren, obwohl sie den gleichen unbewußten Ursprung haben, sich oft bis in die Höhe des bewußten Denkens erheben und so zur Entstehung sekundärer Überlegungen und Neuinterpretationen beitragen.«[120] Laut Boas habe die Sprachwissenschaft somit gegenüber der Ethnologie den Vorteil, ihren Gegenstand untersuchen zu können, »ohne daß die sekundären Interpretationen, die in der Ethno-

117 Ders. 1971a.
118 Ders. 1967, S. 34.
119 Ebd., S. 33.
120 Ebd., S. 34. Lévi-Strauss übergeht in seiner Übersetzung des Boas'schen Zitats den zentralen Begriff der ›sprachlichen Klassifikationen‹, der in der jüngsten französischen Übersetzung der Einleitung des *Handbook* von Chloé Laplantine und Andrew Eastman (Boas 2018, S. 168) retabliert wurde.

logie so häufig sind […], auf täuschende oder hinderliche Weise eingreifen«.[121] Die von Lévi-Strauss in seiner Antwort an Hymes zum Ausdruck gebrachte Ablehnung riskanter »hermeneutischer« Unternehmungen berief sich somit möglicherweise direkt auf Boas.

Die Untersuchung sprachlicher Artefakte erlaubte die Beobachtung von besonderen »Zusammenschlüssen« von »sprachwissenschaftlichen Konzepten«, wie Boas sie nannte, die nicht in den anderen Sprachen zu finden waren und bedeutende Hinweise auf die Funktionsweise einer Gesellschaft gaben, da sie gewissermaßen im Rohzustand die Grammatik einer gesellschaftlichen Organisation lieferten. Boas schloss das Kapitel zum »Unbewussten Wesen der sprachlichen Erscheinungen« in der Einleitung des *Handbook* mit einer selten erörterten, entscheidenden Proposition, die von Lévi-Strauss nicht zitiert wurde:

> »Es wird gemeinhin angenommen, dass der sprachliche Ausdruck ein sekundäres Abbild der Bräuche der Völker ist. Aber es ist recht fraglich, inwieweit die eine Erscheinung die primäre und die andere die sekundäre ist und ob die Bräuche der Völker nicht eher aus den sich unbewusst entwickelten Begrifflichkeiten hervorgegangen sind. […] Es gibt Fälle, in denen der Gebrauch von beschreibenden Wörtern für bestimmte Begriffe oder der metaphorische Gebrauch von Wörtern bestimmte Ansichten oder Bräuche hervorgerufen haben. Zum Beispiel halte ich es für plausibel, dass die Wörter, mit denen einige östliche Indianerstämme ihre gegenseitigen Beziehungen zum Ausdruck bringen, aus einem ursprünglich rein metaphorischen Gebrauch herrühren und dass der Aufbau der gesellschaftlichen Beziehungen der Stämme wesentlich durch die praktische Umsetzung der mit diesen Wörtern verbundenen Vorstellungen beeinflusst gewesen sein könnte. Noch überzeugender sind Beispiele vom Gebrauch metaphorischer Wendungen aus der Poesie, die in Ritualen beim Wort genommen werden und aus denen bestimmten Riten ent-

121 Diese ebenfalls von Lévi-Strauss (1967, S. 34) zitierte Passage findet sich in Boas 2018, S. 176.

sprungen sind. Ich neige zu dem Glauben, dass zum Beispiel das oft auftauchende Bild des *Verschlingens von Reichtümern* in engem Zusammenhang mit der detailreichen Form der Winterriten der Indianer der Nordpazifikküste steht, und dass der poetische Vergleich, in dem der Häuptling als *Träger des Himmels* bezeichnet wird, bei der Entwicklung mythologischer Ideen bis zu einem gewissen Grad wörtlich aufgefasst wurde.«[122]

Nun lässt sich das gesamte Ausmaß der Problemstellungen ermessen, die Boas mit der »Wörtlichkeit« verband: Jenseits von Fragen wie der Relevanz von Übersetzungen, der Treue zum Original oder der Genauigkeit der wiedergegebenen stilistischen Aspekte zielte das resolute Festhalten am Wortlaut der gesammelten Texte auf die potenzielle Rekonstruktion einer *Grammatik der sozialen Kategorien* ab, von der sich laut Boas in jeder Sprache Indizien finden ließen. Eine eingehende Kenntnis der sprachlichen Besonderheiten eröffnete die Möglichkeit, nach und nach die Grundzüge eines Ensembles von sozialen Vorstellungen zu erkennen, die durch die »Terminologie« der betroffenen Sprache hervorgerufen wurden. Die spezifischen »Metaphern« und »Bilder« der betroffenen Sprache – Boas insistierte auf diesen Punkt – erfüllten letztendlich eine viel entscheidendere Funktion als die abstrakten Begriffe, denn sie waren es, die den sozialen Formen ihre erkennbarsten Züge verleihen konnten. In einer solchen Perspektive bargen die Mythen aufgrund ihres Reichtums an Metaphern und Bildern unweigerlich kostbare Informationen: Ihre Sammlung, ihre Transkription und ihre adäquate und sorgfältige Übersetzung waren von umso größerem Interesse. Sie boten demjenigen, der das sprachliche Unbewusste einer Gesellschaft rekonstruieren wollte, einen schier unerschöpflichen Speicher von Wörtern und vor allem bildhaften Redewendungen, die sich nicht zwangsläufig auf vereinzelte Wörter beschränkten.

Und doch brachte Boas dieses Projekt nicht zum Abschluss. Sicherlich ist dies auch der Grund, weshalb Lévi-Strauss ihm vorwarf, nicht über »das bewusste Denken der Individuen« hinausgegangen zu sein: Das Vorhaben des »Zusammenschlus-

122 Ebd., S. 181 (Boas 1911b, S. 73).

ses« von bestimmten Begriffen oder Metaphern, um die Erforschung des »Unbewussten« der indianischen Gesellschaften grob zu umreißen, blieb in Boas' wissenschaftlichen Schriften im Zustand der unerschlossenen Potenzialität verharren. Er beließ es – in seinen Studien zur gesellschaftlichen Organisation der Kwakiutl zum Beispiel – bei der Darstellung von Materialien und Beschreibungen, die dem »bewussten« und expliziten Diskurs seiner Informanten entstammten. Mit der Entwicklung der strukturalen Analyse zahlreicher von Boas gesammelter Mythen bemühte Lévi-Strauss sich, die Forschungen seines Vorgängers weiterzuführen, nämlich in Richtung einer Erfassung des polarisierten Aufbaus der Mythen und ihres Systems von Gegensätzen und Inversionen, kurz: der »unbewussten« Struktur der Mythen. Wenn auch bei Lévi-Strauss – der an der New Yorker Ecole Libre des Sciences Sociales mit dem Psychoanalytiker Raymond de Saussure (1894-1971) in Kontakt gekommen war, »welchem Jakobson die Größe des Werks seines Vaters offenbarte«[123] – der Begriff des Unbewussten prägend war, so gebrauchte er ihn in einem Sinn, der sich nicht mit dem von Boas in der Einleitung seines *Handbook of American Indian Languages* erwähnten sprachlichen Unbewussten deckte, weil Lévi-Strauss die Sprache nicht mehr in ihrer »Wörtlichkeit« zu begreifen versuchte. Als Dell Hymes bedauerte, »*it is a strange tribute to linguistics to ignore language*«, entgegnete Letzterer, dass die Verbindung zwischen seiner Vision der Anthropologie und der Sprachwissenschaft hauptsächlich durch die Übertragung des Saussure'schen Modells der Sprache als System von Unterschieden auf die Anthropologie erfolgte, dass er jedoch in der Tat nicht weiter in eine Untersuchung des Sprachmaterials an sich vordringen wollte:

> »Ich glaube nicht, dass diese [von Hymes] freundschaftlich lancierte Pointe ihr Ziel erreicht, denn anders als manche zu glauben scheinen, übernehmen meine theoretischen und methodologischen Positionen, abgesehen von der gewiss grundlegenden Idee, dass einzeln betrachtete Wörter niemals Träger eines eigenen Sinns sind, sehr wenig aus der

123 Lévi-Strauss 1971a.

Sprachwissenschaft. Der Sinn ergibt sich aus der Art und Weise, wie Wörter zueinander stehen, aus der Beziehung. Das habe ich beim Lesen von Saussure und Troubetzkoy und beim Hören von Jakobson gelernt. Aber im Laufe unserer Unterhaltungen gab sogar Jakobson zu, dass ich weiter nichts von der Sprachwissenschaft verlangt habe.«[124]

An anderer Stelle sprach Lévi-Strauss Boas das Verdienst zu, als erster die Sprache als ein »System von Differenzen« aufgefasst zu haben, insofern als er seine Thesen »acht Jahre vor der Veröffentlichung des *Cours de linguistique générale* Ferdinand de Saussures formuliert« hatte.[125] Boas' Projekt einer Untersuchung dessen, wie sich die Eigentümlichkeiten einer Sprache in den »Bräuchen«, »sozialen Beziehungen« oder »Riten« ihrer Sprecher übersetzen (eine durch das Erbe von Wilhelm von Humboldt geprägte Vorstellung, die ein paar Jahrzehnte später durch die »Sapir-Whorf-Hypothese« erweitert wurde), übernahm Lévi-Strauss jedoch nicht. Vor allem die Feststellung, dass es für den Forscher schwierig war, sich bei der Untersuchung des sprachlichen »Unbewussten« einer fremden Sprache nicht von seinem eigenen Unterbewusstsein täuschen zu lassen, dass es schwierig war, nicht die Beziehungskombinationen der Muttersprache auf die fremden Sprachen zu projizieren bzw. »Formen, die nicht zusammenhängen, zu kombinieren und solche, die zusammengehören, zu trennen«, hatte für Boas ein Hindernis dargestellt.[126]

Eine Theorie des Typs

In *Der Weg der Masken* (1975) trat Lévi-Strauss in Boas' Fußstapfen, indem er sich weigerte, Masken und Mythenkorpora zu trennen;[127] denn die jeweiligen Systeme gehorchten analogen Funktionsweisen, wie er anhand der Untersuchung der

124 Ders. 1987, S. 121 f. Das Zitat von Dell Hymes entstammt dem Artikel »Language, Memory, and Selective Performance« (Hymes 1985, S. 395).
125 Lévi-Strauss 1967, S. 34.
126 Boas 1943a, S. 314.
127 Vgl. Izard 1974, S. 143.

semantischen oder plastischen Umkehrungen zwischen der Swaihwé-Maske der Salish und ihrem »Gegenstück«, der Dzonokwa der Kwakiutl, darlegte. Und doch waren beide Systeme nicht äquivalent: Die Untersuchung der Masken erforderte den Bezug auf die Mythen, ja hatte ihn zur Voraussetzung, während die Mythen auch ohne Berücksichtigung der Masken studiert werden konnten. Wie Boas musste Lévi-Strauss bei der Betrachtung der Objekte zwangsläufig auf die Sprache der Mythen zurückkommen. Während Ersterer diesen Zusammenhang durch abrupte »Collagen« suggerierte, indem er z.B. eine Abbildung einer Maske und einen unkommentierten Auszug aus einem Mythos nebeneinander präsentierte, versuchte Lévi-Strauss, Invarianten freizulegen, die mehreren Artefakten gemein waren (z.B. die stielförmig hervortretenden oder umgekehrt tief in ihren Höhlen liegenden Augen), und somit strukturale Konstruktionen und strukturale Gegensätze offenzulegen. Um zu einem solchen Ergebnis zu gelangen, stellte er, zumindest in einem ersten Schritt, eine Gleichung auf, in der alle nicht »modellierbaren« Sprachelemente außer Acht gelassen wurden. Alles in allem schloss Lévi-Strauss in der Perspektive der Anthropologie an Max Weber an, der der Soziologie mit seiner Methodologie des »Idealtyps« vorsätzlich eine temporäre Position zugewiesen und ihr die Funktion zugesprochen hatte, Kategorien oder Modelle mit *vorübergehend verallgemeinerndem und abstrahierendem* Charakter zu erzeugen. Weber stellte den soziologischen Ansatz als eine Etappe der historischen Methode vor, bei der der Forscher sich relativ allgemeiner Konzepte und Kategorien bediente, um *provisorisch* bestimmte Phänomene zu isolieren und zu kategorisieren. Die ganze Herausforderung der Theorie des Idealtyps bestand darin, ausdrücklich die Notwendigkeit dieses Rückgriffs auf die soziologischen Kategorien in ihrer relativen Allgemeinheit und ihrem kompositen, künstlichen und konstruierten Charakter zu verteidigen und gleichzeitig ebenso ausdrücklich die Möglichkeit, Legitimität und Relevanz einer späteren historischen Differenzierung anzuerkennen, die dieselben Konzepte hinfällig machen konnte. Weber beobachtete, dass sie gleichzeitig unentbehrlich und vergänglich waren. Im historischen Gedankengang stellte die soziologische Etappe nicht »den Abschluss einer Untersuchung« dar, sondern es war epistemologisch schlicht nicht möglich, sich dieses Moment relativer Verallgemeinerung zu ersparen. Ohne sich auf Webers Reflexionen, die er vielleicht nicht berücksichtigt hat, ausdrücklich zu berufen, entwickelte Lévi-Strauss für die Anthropologie eine Methode, die die Prämissen der Theorie des Idealtyps teilt. In seinem Artikel »De la fidelité au texte« fasste er seinen Ansatz mit diesen Worten zusammen: »Die Verallgemeinerung begründet den Vergleich, nicht umgekehrt.«[128] Dabei postulierte er wie Weber die zwangsläufige Vorzeitigkeit einer idealtypischen Etappe, die der Arbeit der empirischen Differenzierung nicht nur vorausging, sondern überhaupt erst die Bedingung ihrer Möglichkeit darstellte.

Hat Boas die Gelegenheit gehabt, sich mit Webers Theorie des Idealtyps auseinanderzusetzen, die erstmals in der Zeitschrift *Archiv für Sozialwissenschaft und Sozialpolitik* dargelegt wurde, deren Leitung Weber ab 1904 mit innehatte? Vielleicht trafen sich die beiden Männer in jenem Jahr auf dem Internationalen Kongress der Künste und Wissenschaften in St. Louis, an dem Weber teilnahm (und dafür zum ersten und letzten Mal in seinem Leben den Atlantik überquerte)[129] und Boas eine Rede hielt, während Frances Densmore unweit davon eine Melodie notierte, die der alte Apachenhäuptling Geronimo summte.[130] Bis heute bescheinigt kein einziges Dokument, dass Weber und Boas tatsächlich in St. Louis miteinander ins Gespräch kamen (wohingegen die Begegnung zwischen Weber und W.E.B. Du Bois in St. Louis gut dokumentiert ist und später durch einen Briefwechsel verlängert wurde; auch Boas hatte Kontakt zu W.E.B. Du Bois und publizierte ab 1906 in der Zeitschrift der National Association for the Advancement of Colored People). Doch Boas (geb. 1858) und Weber (geb. 1864) waren Zeitgenossen und lasen sich zweifelsohne – in Webers Fall ist es belegt: Er zitierte Boas in seinen Untersuchungen zur Soziologie der Religionen. Außerdem

128 Lévi-Strauss 1987, S. 121.
129 Vgl. Scaff 2011.
130 Vgl. Densmore 1942 (1941), S. 528.

beschäftigten sie sich mit gemeinsamen epistemologischen Fragestellungen.

Boas' Lektüre durch Lévi-Strauss – so wie sie im Vorangegangenen nachgezeichnet wurde – könnte letztendlich suggerieren, dass Boas' gigantischem Werk zur Entwicklung der Kenntnis der indianischen Mythen der Nordwestküste in Lévi-Strauss' Augen ein Denken des Idealtyps fehlte. Indem Boas sich weigerte, den konstruierten, künstlichen und verallgemeinernden Charakter idealtypischer Kategorien zu akzeptieren, und nur wider Willen bzw. stillschweigend Idealtypen anbot, wie im Fall der autobiografischen Erzählungen von George Hunt, die als typische Erzählungen einer Kwakiutl-Hochzeit oder einer schamanischen Initiation dargestellt wurden, hätte er im Ganzen einen wissenschaftlichen Fehler begangen und sei dem verfallen, was Lévi-Strauss »Nominalismus« nennt: dem Reiz eines grenzenlosen Inventars von Differenzen, das nur zum »Scheitern« verurteilt sein konnte. Der Neuabdruck des Textes von 1943, »L'art de la côte nord-ouest à l'American Museum of Natural History« – zuerst im *Cahier de l'Herne* »Lévi-Strauss« (2004) und jüngst in dem von Vincent Debaene herausgegebenen Band *Anthropologie structurale zéro* (2019) –, der zu Beginn von *Der Weg der Masken* auszugsweise zitiert wird, enthüllt, dass Lévi-Strauss dieses »Scheitern« von Boas einem ganz besonderen Grund zuschrieb, der es verständlich, ja sogar verführerisch machte: Boas sei der Faszination eines Objekts erlegen gewesen – der Kunst der Nordwestküste –, das sich durch die besondere Kapazität auszeichnete, »eine fabelhafte Vielfalt und eine scheinbar unerschöpfliche Erneuerungsgabe« zu verkörpern.[131] Er sei gefesselt gewesen von »dieser unaufhörlichen Erneuerung, dieser Sicherheit, die in jedweder Richtung einen endgültigen, einschlagenden Erfolg garantiert, dieser Geringschätzung für einmal heimgesuchte Wege, die immer wieder zu neuen Versuchen drängt, die unfehlbar in verblüffenden Erfolgen gipfeln«.[132] Dadurch habe er die Fähigkeit der Analyse eines Materials ver-

131 »L'art de la côte nord-ouest à l'American Museum of Natural History« in: Lévi-Strauss 2020, S. 232.

132 Ebd., S. 233.

loren, das sich in immer neuen Voluten von immer neuen Varianten vor seinen Augen ausrollte, und sei letztendlich in seinen Arbeiten zu den indianischen Mythen in einer Form von sprachlicher Konfusion stecken geblieben, die im Grund die Grenze zwischen Nomen und Eigennamen zu verwischen versuchte. So hatte Marcel Mauss ihn im Übrigen gelesen. In seinem Text »La notion de personne« (dt. Der Begriff der Person) brachte dieser andere Mentor von Lévi-Strauss seine Irritation gegenüber der Schwierigkeit zum Ausdruck, bei Boas eine »generelle Darstellung« (»*un exposé général*«) finden zu können.[133] Er schöpfte bei seinem amerikanischen Kollegen interessante Angaben in Bezug auf die Reihe der »Eigennamen« in den indianischen Stämmen der Nordwestküste und deren Doppelzüngigkeit zwischen den Benennungen der Clans und denen der Geheimbünde.[134] Mauss sah in Boas nicht einen der Begründer eines Denkens in »Differenzsystemen«, sondern einen Autor, der ihm Zugang zu Wappen-Namen gab, die über ihre Einmaligkeit die Singularität einer Ahnenreihe zur Schau trug.

Allerdings ist die Behauptung, es gebe bei Boas keine Theorie des Typs, nicht exakt. Sie ist sehr wohl zu finden, und zwar in einem Teil seines Werkes, dem Lévi-Strauss weniger Aufmerksamkeit zukommen lassen hat wie den Texten zu den Mythen und zur Kunst: den Schriften zur Anthropometrie. Das beachtliche Ausmaß der Publikationen auf diesem Gebiet, dem Boas im Laufe seines Lebens nicht weniger als 180 Artikel widmete, lässt keinen Zweifel über den zentralen Stellenwert der physischen Anthropologie offen. In einem posthumen Beitrag lieferte er einen raschen Vergleich zwischen den Begriffen »physischer Typ« und »kultureller Typ«. Letzterem erkannte er dabei aufgrund des homogenen Einflusses, den die Kultur auf die Gesamtheit der Individuen einer Gruppe ausübte, einen größeren Grad an Realität als seinem biologischen Äquivalent zu.[135] Doch er zog nirgendwo ausdrücklich die Verbindung zwischen seiner kritischen Konzeptualisierung des anthropo-

133 »La notion de personne (1938)«, wiederabgedruckt in Mauss 1950, S. 342.

134 Ebd., S. 341 f.

135 Boas 1943a, S. 313.

metrischen Typs und der »Typen« im Bereich der Kultur- und Sprachschöpfungen. Daher kann es sich als wertvoll erweisen, die im Rahmen seiner physischen Anthropologie gegebenen Einblicke in seine Reflexion über den Typ näher zu untersuchen[136] und sich zu fragen, ob man daraus eventuell bestimmte Schlüsse oder Korrelate in Bezug auf sprachliche Werke ableiten kann. Die Grundlagen der anthropometrischen Methoden hatte Boas zu Beginn der 1880er Jahre unter Rudolf Virchow in Deutschland erlernt. Ab den 1890er Jahren hatte er in den USA breit angelegte Forschungen zum Wachstum von New Yorker Schulkindern durchgeführt, die 1908-1910 durch eine noch umfangreichere kollektive Studie von über 17.000 Immigranten und deren Nachkommen erweitert wurde. Boas wollte mit diesen Untersuchungen den eindrücklichen Beweis der Plastizität der menschlichen »Typen« und der Schwierigkeiten einer Fixierung auf eine angeblich feststehende Reihe ethnischer Kategorien liefern. In der Monografie, welche die Schlussfolgerungen aus diesen großen Untersuchungen zusammenfasst, *Changes in the Bodily Form of Descendants of Immigrants* (1911), bekräftigte er aufs Neue den zwar relativen, aber nichtsdestotrotz wirklichen und beinahe unmittelbaren Einfluss der Umwelt (»die Auswirkungen des amerikanischen Milieus sind unmittelbar zu beobachten«[137]) und vor allem die Tatsache, dass die Variabilität innerhalb ein und derselben Gruppe weitaus größere Unterschiede zwischen Individuen derselben »Rasse« hervorrief als zwischen Individuen verschiedener »Rassen«. Der Vergleich menschlicher »Typen« beruhte demnach auf sehr unbeständigen Grundlagen, womit er jeglicher Daseinsberechtigung entbehrte: »Es ist offensichtlich, dass man die überholte Vorstellung einer absoluten Stabilität menschlicher Typen aufgeben muss und mit ihr den Glauben an die erbliche Überlegenheit bestimmter Typen über andere.«[138] Boas' zahlreiche Messungen und Statistiken zielten darauf ab, bei bestimmten *körperlichen* Merkmalen, die als feststehend und unabänderlich galten, erhebliche Variationen

136 Für eine ausführlichere Darstellung von Boas' Arbeit über diese Fragen vgl. Joseph 2018.

137 Boas 1911a, S. 61.

138 Ebd.

zu beweisen. So wiesen bestimmte Individuen einer Gruppe viel größere Ähnlichkeiten mit Individuen fremder Gruppen auf als mit denen ihrer eigenen Gruppe: »die Varianten, die jede Rasse ausmachen, vermischen sich«,[139] schrieb Boas. Bei den Typen handelte es sich somit um Einheiten, die streng genommen nicht verschieden waren – diese Idee kommt bereits bei Darwin vor.

Der Typenbegriff konnte demnach keiner empirisch festzustellenden Reihe distinktiver Wesenszüge entsprechen; er war vor allem ein wissenschaftliches Artefakt, dessen Unterordnung unter die Subjektivität des Forschers Boas beklagte: »Der Typ einer Bevölkerung ist immer eine Abstraktion von bemerkenswerten Eigenheiten, die sich in einer Masse von Individuen erkennen lassen und von denen man voraussetzt, dass sie sich in einem einzigen Individuum kombiniert vorfinden lassen. Die Bestimmung dieser bemerkenswerten Eigenheiten hängt zum großen Teil von den vorangegangenen Erfahrungen der Beobachter ab und nicht vom morphologischen Wert der beobachteten Züge. Dies erklärt auch die unterschiedlichen Standpunkte in Bezug auf taxinomische Klassifikationen.«[140] In dieser Stellungnahme lässt sich das bereits weiter oben im Zusammenhang mit der Theorie der »Tonblindheit« begegnete Motiv wiedererkennen: Auch auf dem Gebiet der physischen Anthropologie warnte Boas davor, im Geist des Forschers bereits etablierte und durch »vorangegangene Erfahrungen«[141] gefestigte Kategorien auf die Andersheit des untersuchten Objekts zu projizieren. Boas verband dieses Gefangensein des Forschers in bereits erworbenen Kategorien mit den Auswirkungen der Verwendung seiner eigenen Sprache – und damit verknüpfter Prämissen. Die *verbale* Beschreibung der Morphologie eines Körpers unterband es Boas zufolge, Unterschiede und Nuancen zu erkennen, die die Wörter der Sprache des Forschers buchstäblich nicht zu sehen erlaubten: »Je ähnlicher die Typen, die wir vergleichen, sich sind, desto schwieriger wird es, mit Worten ihre subtilen Unterschiede zu

139 Ders. 1911c.
140 Ders. 1940b (1936), S. 173.
141 Ders. 1943a, S. 312.

beschreiben.«[142] Ebenso wie die »Tonblindheit« war die derart beschriebene besondere Form der visuellen Blindheit dem Anthropologen zufolge gänzlich auf *sprachliche* Determinationen zurückzuführen, denen der Forscher notwendigerweise unterlag. Deshalb plädierte Boas eindrücklich dafür, von der Statistik Gebrauch zu machen (d.h. derjenigen Methode, die er in den Messprotokollen seiner Mitarbeiter forderte), um den Verzerrungen, die durch die verbalen Beschreibungen äußerlich sichtbarer Formen eingeführt werden, entgegenzuwirken. Das einem Ansatz mittels chiffrierter Messungen und Statistiken zugesprochene Privileg beruhte somit auf einer Theorie der Auswirkungen der Sprache auf die Perzeptionsweisen.

Während Webers Idealtyp sehr ausdrücklich zu seinem kompositen Wesen stand und als vorsätzlich künstliches Konstrukt aus diversen empirischen Materialien beschrieben wurde, während vorher bereits Adolphe Quetelet das »fiktive« Wesen seines »mittleren Menschen« zu Protokoll genommen hatte, beruhte Boas' Kritik des Typenbegriffs zu einem nicht unwesentlichen Teil auf der Infragestellung seines Wesens als mentales Konstrukt, das der Forscher entwickelt hatte. Boas ließ keine Gelegenheit aus, um an die Unmöglichkeit zu erinnern, »einen Typ durch ein Individuum zu repräsentieren«, was sicherlich daran lag, dass auf diesem Gebiet die Konfusionen beständig waren und durch die massive Verbreitung von Porträtfotos oder plastischen Darstellungen »physischer Typen« noch verschlimmert wurden.[143] Seine Warnung ging allerdings über eine Anprangerung der Unmöglichkeit, empirische Beweise für die Existenz von Typen zu finden, hinaus. Er wollte die Notwendigkeit aufzeigen, die bereits existierende individualisierte Repräsentation des Typs, die er zurückwies, durch ein vollkommen neues Verständnis dieses Begriffs zu ersetzen, ein Verständnis, das Variationen auf der Ebene der Gruppe aufgriff. Boas plädierte für einen pluralistischen Ansatz, der den Typ als Konfiguration von Varianten auffasste. »Eine Tabelle, die Aufschluss gibt über die Häufigkeit der verschiedenen in einer Gruppe vorkommenden Formen, die durch

142 Ders. 1897, S. 880-881.
143 Ebd.

Messungen zum Ausdruck kommen, bietet einen umfassenden Überblick über die Variabilität der untersuchten Gruppe. Davon ausgehend können wir mit statistischen Methoden die Verteilung der Formen untersuchen und den vorherrschenden Typ und die Beschaffenheit seiner Variation bestimmen.«[144] Im Gegensatz zum Modell einer Vielzahl von Individuen, die zu einem einzigen »verschmelzen« (analog zu Francis Galtons fotografischem Verfahren der Kompositfotografie) weigerte Boas sich, den Typ als »eins« aufzufassen und beabsichtigte, ihn in seiner Pluralität zu rekonstruieren. Der physische Anthropologe konnte nicht anders, als auf der Ebene der Gruppe zu arbeiten und Variationen nicht als Abweichungen von einem »Mittelwert« oder gegenüber einer »Norm« anzusehen. Jedes Individuum hatte an der Definition der beweglichen Gruppegrenzen teil. »Alle biologischen Phänomene sind variable Phänomene und deshalb muss der biologische Typ, d.h. alle Individuen, die eine Gruppe bilden, durch eine Aufzählung der Häufigkeit des Auftretens sämtlicher Variationen, die den fraglichen Typ ausmachen, beschrieben werden.«[145] Boas unterstrich die Heterogenität und Plastizität des Typs und schlug eine dynamische Definition vor. Er verschob damit jegliche Möglichkeit einer Synthese in die Zukunft und stellte bereits in der Vergangenheit gebildete Ensembles auf die Probe. Seine pluralistische Auffassung des Typs war offen für eine Dynamik von Neuschöpfungen und Innovationen, die ihn stärker interessierte als die Permanenz übertragener Charaktermerkmale. Dieses neue methodologische Konstrukt strebte danach, nicht nur die Erzeugung von Vielfalt zu konstatieren, sondern darüber hinaus präzise Konfigurationen der »Verteilung der Formen«[146] zu erfassen. Sie zielte auf eine ständige Dezentrierung des Typs ab, dessen variable Konstellationen es zu modellieren galt. Hier berühren wir eine der bemerkenswertesten Eigenarten des Boas'schen Projekts: die Verweigerung, nicht einmal als provisorische experimentelle Kategorie »Typen« zu identifizieren, die vereinheitlichten Figuren ent-

144 Ders. 1899, S. 104.
145 Ders. 1912a, S. 542.
146 Ders. 1899, S. 104.

sprechen – etwa die Swaihwé-Masken der Salish oder die Dzonokwa-Masken der Kwakiutl, von denen in *Der Weg der Masken* die Rede ist, oder die idealtypischen Träger der großen Religionen bei Max Weber, z.B. der »Zauberer, der die Welt ordnet«, der »Bettelmönch«, der »wandernde Handwerksbursche« usw., jeder eine Art maskierter Darsteller einer *commedia dell'arte* der religiösen Typen. Während Lévi-Strauss – wie Weber – in der Künstlichkeit der Masken ein wesentliches Zeichen der Sozialisation des »biologischen Individuums«[147] und das wissenschaftliche Instrument einer aus einem Wechselspiel zwischen Konstruktion vorläufiger Forschungskategorien und neuer empirischer Differenzierung bestehenden Methodologie sah, äußerte Boas unentwegt Vorbehalte gegenüber all diesen »Figuren« und dem »Spiel«, das die Forscher mit ihnen inszenieren konnten. Schließlich hatte der »plurale Typ«, durch den er alle Konzepte »individueller« Typen ersetzten wollte, kein *Gesicht*. Er war abstrakter, weniger theatral, eine evolutive und offene Geometrie von Zahlen. Gegen Darstellungen wie die 1893 im Anthropologie-Pavillon der Weltausstellung in Chicago präsentierten Plastiken »typischer Amerikaner«, die auf an Harvard-Studenten gemessenen Durchschnittswerten basierten, konnte sich Boas nur auflehnen. Im Grunde weigerte er sich, Typen und deren Variationen voneinander zu trennen, und suchte stattdessen nach einer Definition des Typs, in welcher Variationen nicht vorhersehbar, jedoch – zumindest im Nachhinein – modellierbar waren. Sein Modell beruhte auf der Vorstellung, dass die Varianten nicht einem Prinzip absoluter Zufälligkeit gehorchten, sondern sich in signifikanten Konfigurationen verteilten. Die weder absehbare noch wahllose Variation schrieb sich in eine Konstellation von Neuheiten ein, die Boas in den Brennpunkt seiner Forschungen rückte.

Hat ein solches Projekt auch in seinen Forschungen auf anderen Wissensgebieten, z. B den indianischen Sprachen, den indianischen Texten und Mythen oder den Kunstobjekten, eine Rolle gespielt? Kann bei Boas eine Analogie zwischen die-

147 »Die Zweiteilung der Darstellung in der Kunst Asiens und Amerikas«, in: Lévi-Strauss 1967, S. 267-291, hier S. 283.

sen unterschiedlichen Feldern postuliert werden? Eine derartige Hypothese stößt sich an einem beträchtlichen Einwand: Boas fasste diese verschiedenen Bereiche sozialer Praxis als ungleich zur Variation neigend auf. Im Vorwort unserer französischen Aufsatzsammlung von Boas, *Anthropologie amérindienne* (2017), konnten wir zeigen, dass der deutsch-amerikanische Gelehrte die verschiedenen sozialen Welten als Träger ungleich verteilter Starrheiten bzw. Erneuerungsdynamiken betrachtete: Während das geografische Umfeld, die Anordnung der Riten oder – in geringerem Maße – die Organisation der Stämme in der Regel stabile Pole des gesellschaftlichen Lebens darstellten, waren auf den Gebieten der Mythen und künstlerischen Schöpfungen viel aktivere Erfindungsprozesse am Werk. Doch Boas stellte vor allem eine Polarisierung im Inneren eines jeden dieser Bereiche fest, einschließlich der physischen Umwelt, da Landschaften sich natürlich durch menschliches Zutun verändern konnten. Im Fall der Sprachen war diese Spannung besonders deutlich zu spüren: Während die Phonetik einer jeden Sprache eine große Stabilität in der Zeit aufwies, waren individuelle Diskurse und Aussagen Träger eines unendlichen Variationspotenzials. Solch unterschiedliche Variationsbreiten konnten auch bei den von der physischen Anthropologie untersuchten Merkmalen beobachtet werden, bei denen sich die Linien der Vererbung, wie wir gesehen haben, mit denen der Herausbildung neuer Wesenszüge kreuzten. Es wäre inexakt zu behaupten, dass Boas davon ausging, das Modell des »pluralen Typs« der physischen Anthropologie direkt auf seine anderen Forschungsbereiche übertragen zu können. Vielmehr warnte er vor jeglichen spontanen Analogien, und die Ebene der Starrheiten und Erneuerungsdynamiken neigte selbst stark zur Variation zwischen den verschiedenen Bereichen menschlicher Praktiken, den Zeiten, den Orten, den Kulturen. Nichtsdestotrotz ging es Boas sicherlich auch bei der Sammlung und Edition von Mythen und Texten um die Suche nach einem »pluralen Typ«. Seine eigentümliche Offenheit gegenüber den Abweichungen und Widersprüchen zwischen verschiedenen Mythenversionen oder den zu Gebrauchs- oder Kunstobjekten zusammengetragen Erklärungen wäre durch dieses epistemologische Ziel der Multiplikation der

Modellierungen zu erklären. Die Akkumulation von Daten, die gegebenenfalls statistisch ausgewertet werden konnten, hatte nicht die Aufstellung von Gesetzen, von Mittelwerten oder Regelmäßigkeiten zum Ziel, sondern vielmehr das Orten von Abweichungen. Boas gab unzählige anthropometrische Messungen, Porträtfotografien, Gipsabdrücke und andere Proben in Auftrag, wies jedoch die klassifikatorische Absicht der vergleichenden Anatomie zurück. Er war ein entschlossener Verfechter quantitativer Methoden, die er nie verleugnete, doch er stellte sie in den Dienst eines Beweises der Unmöglichkeit, Identitäten festzulegen.

Mit einer letzten Hypothese, die auch für noch kommende neue Konfigurationen offen ist, schließen wir die vorliegende Studie ab: War das beschriebene Modell des »pluralen Typs« – nachdem die Einwände bezüglich der verschiedenen Variationsebenen ausgesprochen waren – nicht vor allem deshalb auch auf sprachliche Produktionen übertragbar, weil Boas es von einem sprachlichen »Prototyp« ausgehend konstruiert hat? Indem er den beträchtlichsten Teil seines Werks der Erfassung der indianischen Sprachen widmete, nicht nur in ihrer Sprachenvielfalt,[148] sondern gleichzeitig auch in ihrer Vielfalt als Abweichungen hervorbringende Rede, privilegierte Boas konsequent die menschliche Praxis, in der ihm zufolge die Schöpfung von Varianten am intensivsten war. Seine originelle Konzeption des »Typs«, die den Kern seiner anthropologischen Methode bildete und auf der selbst seine Schädelmessungen beruhten, lehnte sich sicherlich direkt daran an, ebenso wie sein Wunsch, für jede Sprache eine ganz neue Grammatik zu erfinden, in der bekannte Kategorien abgelöst werden durch die unerhörten Armaturen von Wörtern, die zum ersten Mal gehört werden.

148 Zur Frage der Vielfalt der Sprachen vgl. jüngst die zum Teil ›Boas'schen‹ Bemerkungen von Michel de Fornel in: Fornel 2015, S. 152.

Literaturverzeichnis

Boas, Franz, 1881, Ueber eine neue Form des Gesetzes der Unterschiedsschwelle, in: *Pflüger's Archiv für die gesamte Physiologie des Menschen und der Tiere* 26, S. 493-500.

– 1882a, Ueber den Unterschiedsschwellenwerth als ein Maass der Intensität psychischer Vorgänge, in: *Philosophische Monatshefte* 18, S. 367-375.

– 1882b, Ueber die verschiedenen Formen des Unterschiedsschwellenwerthes, in: *Pflüger's Archiv für die gesamte Physiologie des Menschen und der Tiere* 27, S. 214-222.

– 1882c, Ueber die Berechnung der Unterschiedsschwellenwerthe nach der Methode der richtigen und falschen Fälle, in: *Pflüger's Archiv für die gesamte Physiologie des Menschen und der Tiere* 28, S. 84-94.

– 1882d, Die Bestimmung der Unterschiedsempfindlichkeit nach der Methode der übermerklichen Unterschiede, in: *Pflüger's Archiv für die gesamte Physiologie des Menschen und der Tiere* 28, S. 562-566.

– 1885a, *Baffin-Land. Geographische Ergebnisse einer in den Jahren 1883 und 1884 ausgeführten Forschungsreise*, Gotha.

– 1885b, Die Sagen der Baffin-Land Eskimos, in: *Verhandlungen der Berliner Gesellschaft für Anthropologie, Ethnologie und Urgeschichte* 17, S. 161-166.

– 1886a, Sprache der Bella-Coola-Indianer, in: *Verhandlung der Berliner Gesellschaft für Anthropologie, Ethnologie und Urgeschichte* 18, S. 202-206.

– 1886b, The Language of the Bilhoola in British Columbia, in: *Science* 7, S. 218.

– 1887a, Museums of Ethnology and Their Classification, in: *Science* 9 (228), S. 587-589.

– 1887b, Poetry and Music of Some North American Tribes, in: *Science* 22, S. 383-385.

– 1887c, Review of Archibald Geikie »The Teaching of Geography«, in: *Science* 10 (241), S. 139.

– 1887d, Sound-Blindness, in: *Science* 10 (250), S. 244-245.

– 1887e, The Occurrence of Similar Inventions in Areas Widely Apart, in: *Science* 9 (224), S. 485-486.

– 1887f, The study of geography, in: *Science* 9, S. 137-141.

– 1888, Chinook Songs, in: *Journal of American Folk-Lore* 3, S. 220-226.

– 1889a, On Alternating Sounds, in: *American Anthropologist* 2 (1), S. 47-54.

– 1889b, Notes on the Snanaimuq, in: *American Anthropologist*, S. 321-328.

– 1891, Vocabularies of the Tlingit Haida and Tsimshian Languages, in: *Proceedings of the American Philosophical Society* 29 (136), S. 173-208.

– 1893, Vocabulary of the Kwakiutl Language, in: *Proceedings of the American Philosophical Society* 31 (140), S. 34-82.

– 1894, *Chinook Texts, told by Charles Cultee*, recorded and translated by Franz Boas, Washington (Bulletin of the Bureau of American Ethnology 20).

– 1895, *Indianische Sagen von der Nord-Pacifischen Küste Amerikas*, Verhandlungen der Berliner Gesellschaft für Anthropologie, Ethnologie und Urgeschichte, Berlin.
– 1896a, Songs of the Kwakiutl Indians, in: *Internationales Archiv für Ethnographie* 9, S. 1-9.
– 1896b, Traditions of the Ts'ets'å'ut, in: *Journal of American Folk-Lore* 10, S. 35-48.
– 1897, Rezension zu Paul Ehrenreich, ›Anthropologische Studien ueber die Ureinwohner Brasiliens‹, in: *Science* 6, S. 880-883.
– 1898a, *Facial Paintings of the Indians of Northern British Columbia*, New York (Memoirs of the American Museum of Natural History 2).
– 1898b, *The Mythology of the Bella Coola Indians*, New York (Memoir of the American Museum of Natural History 2).
– 1899, Some Recent Criticisms of Physical Anthropology, in: *American Anthropologist* 1 (1), S. 98-106.
– 1900, Editor's Note, in: James Teit, *The Thompson Indians of British Columbia*, hg. von Franz Boas, New York (Memoir of the American Museum of Natural History 2), S. 165.
– 1901, *The Eskimo of Baffin Land and Hudson Bay*: from notes collected by George Comer, James S. Mutch, and E.J. Peck, New York (Bulletin of the American Museum of Natural History 15).
– 1903, The Jesup North-Pacific Expedition, in: *The American Museum Journal* 3 (5) (Oktober 1903), S. 73-119.
– 1905, *Kwakiutl Texts*, hg. von George Hunt und Franz Boas, in: The Jesup North Pacific Expedition 3, Leiden, New York (Memoirs of the American Museum of Natural History 5,3).
– 1906, Some Philological Aspects of Anthropological Research, in: *Science* 23, S. 641-645.
– 1907, Some Principles of Museum Administration, in: *Science* 25 (650), S. 921-933.
– 1909a, Notes on the Iroquois Language, in: *Putnam Anniversary Volume.* Anthropological essays presented to Frederic Ward Putnam in honor of his seventieth birthday, New York, S. 427-460.
– 1909b, *The Kwakiutl of Vancouver Island*, Leiden, New York (Memoirs of the American Museum of Natural History 8,2).
– 1910, *Kwakiutl Tales*, Leiden, New York.
– 1911a, *Changes in the Bodily Form of Descendants of Immigrants*, Washington (Reports of the Immigration Commission 38).
– 1911b, Introduction, in: *Handbook of American Indian Languages*, Bd. 1, Washington (Bureau of American Ethnology Bulletin 40), S. 1-84.
– 1911c, *The Mind of Primitive Man*, New York.
– 1912a, Changes in the Bodily Form of Descendants of Immigrants, in: *American Anthropologist* 14, S. 530-562.
– 1912b, Notes on Mexican Folk-Lore, in: *The Journal of American Folk-Lore* 25, S. 204-260.
– 1913, Notes on the Chatino Language of Mexico, in: *American Anthropologist*, S. 78-86.
– 1914, Mythology and Folk-Tales of the North American Indians, in: *The Journal of American Folk-Lore* 27 (106), S. 374-410.
– 1916, *Tsimshian Mythology*. Based on texts recorded by Henry W. Tate. Washington (Thirty-first Annual Report of the Bureau of American Ethnology).

– 1917a, Introductory, in: *International Journal of American Linguistics* 1, S. 1-8.
– 1917b, *Grammatical Notes on the Language of the Tlingit Indians*, Philadelphia.
– 1918, *Kutenai Tales*, together with texts collected by Alexander Francis Chamberlain, Washington (Bulletin of the Bureau of American Ethnology 59).
– 1921, *Ethnology of the Kwakiutl*, Washington (Thirty-fifth Annual Report of the Bureau of American Ethnology).
– 1927, *Primitive Art*, Oslo (Instituttet for Sammenlignende Kulturforskning. Skrifter 8).
– 1928, *Bella Bella Texts*, New York.
– 1930, *The Religion of the Kwakiutl Indians*, Bd. 1, New York.
– 1932, *Bella Bella Tales*, New York (Memoirs of the American Folklore Society).
– 1934, *Geographical Names of the Kwakiutl Indians*, New York.
– 1936, History and Science in Anthropology: A Reply, in: *American Anthropologist* 38, S. 137-141.
– 1940a, *Race, Language and Culture*, Chicago.
– 1940b, The Relations Between Physical and Social Anthropology (1936), in: ders., *Race, Language and Culture*, New York. S. 172-175.
– 1943a, Recent Anthropology, in: *Science* 98, S. 311-314.
– 1943b, Recent Anthropology II, in: *Science* 98, S. 334-337.
– 1962, *Das Buch des Rates. Popol vuh: Schöpfungsmythos und Wanderung der Quiché-Maya*, übertr. und erläutert von Wolfgang Cordan, Düsseldorf, Köln.
– 1966, *Kwakiutl Ethnography*, hg. von Helen Codere, Chicago.
– 2002, *Indian Myths and Legends from the North Pacific Coast of America*, hg. von Randy Bouchard und Dorothy Kennedy, Vancouver.
– 2003, *L'Art primitif*, übers. von Manuel Benguigui und Catherine Fraixe, Paris.
– 2017, *Anthropologie amérindienne*, hg. von Isabelle Kalinowski und Camille Joseph, Paris.
– 2018, *Introduction du ›Handbook of American Indian Languages‹* (1911), übers. von Andrew Eastman und Chloé Laplantine, mit einem Vorwort von Chloé Laplantine, Limoges.
Boas, Franz und Hinrich Rink, 1889, Eskimo Tales and Songs, in: *The Journal of American Folk-Lore* 2 (5) (April-Juni 1889), S. 123-131.

* * *

Abraham, Otto und Erich von Hornbostel, 1904, Über die Bedeutung des Phonographen für die vergleichende Musikwissenschaft, *Zeitschrift für Ethnologie* 36 (2), S. 222-233.
Abraham, Otto und Erich von Hornbostel, 1906, Phonographirte Indianermelodien aus British Columbia, in Berthold Laufer (Hg.), *Boas Anniversary Volume: Anthropological Papers Written in Honor of Franz Boas*, New York, S. 447-474.
American Anthropological Association, 1916, Phonetic transcription of Indian languages, *Smithsonian Miscellaneous Collections* 66 (6), S. 1-15.
Ames, Eric, 2004, From the exotic to the everyday. The ethnographic exhibi-

tion in Germany, in: Vanessa R. Schwarz und Jeannene M. Przyblyski (Hg.), *The Nineteenth Century Visual Culture Reader*, London, S. 313-326.
– 2009, *Carl Hagenbeck's Empire of Entertainments*, Seattle.
Andresen, Julie T., 1990, *Linguistics in America 1769-1924, A Critical History*, New York.
Apollinaire, Guillaume, 1998, Sur les musées (1909), in: ders., *A propos d'art nègre*, Toulouse.
Arom, Simha, 1985, *Polyphonies et polyrythmies instrumentales d'Afrique centrale. Structure et méthodologie*, Paris.
Auroux, Sylvain, 2015, *La Question de l'origine des langues*, Paris.
Baker, Theodore, 1882, Über die Musik der nordamerikanischen Wilden, Leipzig.
Baumann, Richard und Charles L. Briggs, 2003, *Voices of Modernity: Language Ideologies and the Politics of Inequality*, Cambridge.
Berman, Judith, 1991, The Production of the Boas-Hunt Kwak'wala Texts, in: *Working papers for the XXVIth International Conference on Salish and Neighboring Languages*, University of British Columbia, S. 1-36.
Berman, Judith, 1996, »The culture as it appears to the Indian himself«. Boas, George Hunt, and the Methods of Ethnography, in: George W Stocking (Hg.), Volksgeist *as Method and Ethic. Essays on Boasian Ethnography and the German Anthropological Tradition*, Madison, S. 215-256.
Bieder, Robert, 1985, Introduction, in: Johann Georg Kohl, *Kitchi-Gami. Life Among the Lake Superior Ojibway*, St. Paul.
Blanckaert, Claude (Hg.), 2013, *La Vénus hottentote entre Barnum et Muséum*, Paris.
Brady, Erika, 1999, *A Spiral Way: How the Phonograph Changed Ethnography*, Jackson.
Brasseur, Abbé, 1861, *Popol Vuh. Le Livre sacré et les mythes de l'Antiquité américaine*, Paris.
Clements, William M., 1996, *Native American Verbal Art: Texts and Contexts*, Tucson.
Codere, Helen, 1959, The Understanding of the Kwakiutl, in: Walter Goldschmidt (Hg.), *The Anthropology of Franz Boas. Essays on the Centennial of His Birth*, Menasha (American Anthropological Association Memoir 89), S. 61-75.
Cole, Douglas, 1982, Franz Boas and the Bella Coola in Berlin, in: *Northwest Anthropological Research Notes* 16 (2), S. 115-124.
Cole, Douglas, 1999, *Franz Boas. The Early Years 1858-1906*, Seattle.
Cordereix, Pascal, 2001, Ferdinand Brunot, le phonographe et les ›patois‹, in: *Le Monde alpin et rhodanien. Revue régionale d'ethnologie* 1 (3) S. 39-54.
Darnell, Regna, 1992, The Boasian Text Tradition and the History of Anthropology, in: *Culture* 12 (1), S. 39-48.
– 2000, *And Along Came Boas, Continuity and Revolution in American Anthropology*, Amsterdam, Philadelphia.
Déléage, Pierre, 2017, *La Folie arctique*, Bruxelles.
Densmore, Frances, 1927, The Study of Indian Music in the Nineteenth Century, in: *American Anthropologist* 29, S. 77-86.
– 1936, *The American Indians and their music*, New York.
– 1942, The Study of Indian Music (1941), in: *Annual Report of the Board of Regents of the Smithsonian Institution for 1941*, Washington, S. 527-550.

– 2017, *Les Indiens d'Amérique et leur musique*, trad. de Julien Besse, Paris.
Désveaux, Emmanuel, 2013, L'anthropologie américaine, avant et après Boas, in: Michel Espagne und Isabelle Kalinowski (Hg.), *Franz Boas. Le Travail du regard*, Paris, S. 77-90.
Dorsey, George A., 1907, The Anthropological Exhibits at the American Museum of Natural History, in: *Science* 25, S. 584-589.
Dorsey, James O., Albert S. Gatschet und Stephen Riggs, 1881, Illustration of the Method of Recording Indian Languages. From the Manuscripts of J.O.Dorsey, A.S.Gatschet, and S.R.Riggs, in: *First Annual Report of the Bureau of American Ethnology*, Washington, S. 579-589.
Dürr, Michael, 1992, Die Suche nach ›Authentizität‹. Texte und Sprachen bei Franz Boas, in: Michael Dürr, Erich Kasten und Egon Renner (Hg.), *Franz Boas. Ethnologe, Anthropologe, Sprachwissenschaftler. Ein Wegbereiter der modernen Wissenschaft vom Menschen*, Berlin, S. 103-124.
Epps, Patience L., Anthony K. Webster und Anthony C. Woodbury, 2017, A holistic humanities of speaking: Franz Boas and the continuing centrality of texts, in: *International Journal of American Linguistics* 83 (1), S. 41-78.
Espagne, Michel, 2002 La question des imbrications culturelles chez Franz Boas, in: *Revue germanique internationale* 17, S. 147-160.
– 2013, Franz Boas et la pensée géographique, in: Michel Espagne und Isabelle Kalinowski (Hg.), *Franz Boas. Le Travail du regard*, Paris, 2013, S. 91-106.
Espagne, Michel und Isabelle Kalinowski (Hg.), 2013, *Franz Boas. Le Travail du regard*, Paris.
Étienne, Noémie, 2020, *Les Autres et les ancêtres. Les dioramas de Franz Boas et d'Arthur C. Parker à New York en 1900*, Dijon.
Feuerhahn, Wolf, 2010, ›Œuvrer pour l'unité de la connaissance humaine‹. Le Congress of Art and Science de Saint-Louis (1904), in: *Revue germanique internationale* 12, S. 139-157.
Fletcher, Alice, 1884, The Wawan or Pipe Dance of the Omahas, in: *Peabody Museum of American Archeology and Ethnology Annual Report*, Cambridge (Mass.).
Fornel, Michel de, 2015, Généraliser l'indéfini, in: Emmanuel Désveaux und Michel de Fornel (Hg.), *Faire des sciences sociales. Généraliser*, Paris, S. 151-178.
Gatschet, Albert, 1890, *Ethnographic Sketch of the Klamath Indians of Southwestern Oregon*, Washington (Contributions to North American Ethnology 2,1).
Goldschmidt, Walter (Hg.), 1959, *The Anthropology of Franz Boas. Essays on the Centennial of His Birth*, Menasha (American Anthropological Association Memoir 89).
Goddard, Pliny E., 1905, Mechanical aids to the study and recording of languages, in: *American Anthropologist* 7, S. 613-619.
Greimas, Algirdas Julien, 1966, Eléments pour une théorie de l'interprétation du récit mythique, in: *Communications* 8, S. 28-59.
Harrington, John P., 1945, Boas on the Science of Language, in: *International Journal of American Linguistics* 11 (2), S. 188-195.
Hatoum, Rainer, 2013, Franz Boas and George Herzog Recording of Kwakwaka'wakw Chief Dan Cranmer (1938). Library of Congress National Recording Preservation Board.

– 2016, »I Wrote All My Notes in Shorthand.« A First Glance into the Treasure Chest of Franz Boas's Shorthand Field Notes, in: Frederic W. Gleach und Regna Darnell (Hg.), *Local Knowledge, Global Stage*, Lincoln, S. 221-272.

Heckewelder, John (1819) 1881, *An Account of the History, Manners, and Customs of the Indian Nations, who once inhabited Pennsylvania and the Neighbouring States*, Philadelphia.

Herskovits, Melville, 1953, *Franz Boas. The Science of Man in the Making*, New York.

Hinsley, Curtis, 1981, *Savages and Scientists*, Washington, D.C.

Hinsley, Curtis M. und Bill Holm 1976, A Cannibal in the National Museum: The Early Carrier of Franz Boas in America, in: *American Anthropologist* 78, S. 306-316.

Hornbostel, Erich von, 1986a, Die Probleme der vergleichenden Musikwissenschaft (1905), in: Christian Kaden und Erich Stockmann (Hg.), *Tonart und Ethos. Aufsätze zur Musikethnologie und Musikpsychologie*, Leipzig, S. 40-58.

– 1986b, Musikpsychologische Bemerkungen über Vogelgesang (1910), in: *Tonart und Ethos*, Leipzig, S. 86-103.

Hymes, Dell, 1983, *Essays in the History of Linguistic Anthropology*, Philadelphia.

– 1985, Language, Memory, and Selective Performance: Cultee's »Salmon's Myth« as Twice Told to Boas, in: *The Journal of American Folk-Lore* 98, S. 391-434.

Izard, Michel, 1974, Rezension zu »La Voie des masques«, in: *L'Homme* 16 (4), S. 143-145.

Jacknis, Ira, 1985, Franz Boas and Exhibits: John Swanton and the New Haida, in: George W. Stocking (Hg.), *Objects and Others: Essays on Museums and Material Culture*, Madison, S. 75-111.

– 1996, The Ethnographic Object and the Object of Ethnology in the Early Career of Franz Boas, in: George W. Stocking (Hg.), *›Volksgeist‹ as Method and Ethic, Essays on Boasian Ethnography and the German Anthropological Tradition*, Madison, S. 185-214.

Jonaitis, Aldona, 1992, Franz Boas, John Swanton and the New Haida Sculpture at the American Museum of Natural History, in: Janet Catherine Berlo (Hg.), *The Early Years of Native American Art History*, Washington, S. 22-62.

– 2013, A ›Novel and Modern‹ Artist: Charles Edenshaw, in: Daina Augaitis, Robin K. Wright und Jim Hast (Hg.), *Charles Edenshaw*, London, S. 195-203.

Joseph, Camille, 2013, L'image sans arrière-plan. Franz Boas, la photographie et les illustrations, in: Michel Espagne und Isabelle Kalinowski (Hg.), *Franz Boas. Le Travail du regard*, Paris, S. 155-173.

– 2018, Une pensée de la relation: Franz Boas et le concept de ›type‹, in: *Sociétés plurielles* 2.

Kalinowski, Isabelle, 2013, L'exubérance des formes, in: Michel Espagne und Isabelle Kalinowski (Hg.), *Franz Boas. Le Travail du regard*, Paris, S. 241-242.

– 2015, Franz Boas, le Musée d'Histoire Naturelle de New York et la galerie de Dresde, in: *Revue germanique internationale* 21, S. 113-132 [Online: https://doi.org/10.4000/rgi.1522, abgerufen am 20.09.2020].

– 2018, Waldemar Jochelson, Franz Boas et la Sibérie, in: Pavel Alekseiev, Ekaterina Dmitrieva und Michel Espagne (Hg.), *La Sibérie comme champ de transferts culturels. De l'Altaï à la Yakoutie*, Paris, S. 313-350.
– 2023, *La Mélodie du monde. Les musiques extra-européenne en Allemagne autour de 1990*, Paris.
Kan, Sergei, 2006, ›My Old Friend in a Dead-End of Empiricism and Scepticism‹. Bogoras, Boas and the Politics of Soviet Anthropology of the Late 1920s-Early 1930s, in: Regna Darnell und Frederic W. Gleach (Hg.), *Histories of Anthropology Annual 2*, Lincoln, S. 32-68.
Kendall, Laurel und Igor Krupnik (Hg.), 2003, *Constructing Cultures then and now. Celebrating Franz Boas and the Jesup North Pacific Expedition* (Konferenzschrift), Washington (Contributions to circumpolar anthropology 4).
Kroeber, Alfred, 1939, An Outline of the History of American Indian Linguistics, in: *Bulletin of the American Council of Learned Societies* 29, S. 116-120.
– 1943, Franz Boas: The Man, in: *Memoir of the American Anthropological Association* 61, S. 5-26.
Kroeber, Theodora, 1970, *Alfred Kroeber. A Personal Configuration*, Berkeley.
Laplantine, Chloé, 2018, Préface, in: Franz Boas, *Introduction du ›Handbook of American Indian Languages‹*, übers. von Andrew Eastman und Chloé Laplantine, Limoges.
LeConte, Joseph, 1887, Sound-Blindness, in: *Science* 10 (255), S. 312.
Lévi-Strauss, Claude, 1943, The Art of the Northwest Coast at the American Museum of Natural History, in: *Gazette des Beaux-Arts* 24, S. 175-182.
– 1949, Le sorcier et sa magie, in: *Les Temps Modernes* 41, S. 385-406.
– 1957, La geste d'Asdiwal, in: *Annuaire de l'École pratique des hautes études* 66, S. 3-43.
– 1964, *Mythologiques I. Le Cru et le cuit*, Paris.
– 1967, *Strukturale Anthropologie*, übers. von Hans Naumann, Frankfurt am Main.
– 1971a, Histoire d'une amitié, in: *Le Monde* (16. Oktober 1971).
– 1971b, *Mythologica I. Das Rohe und das Gekochte*, übers. von Eva Moldenhauer, Frankfurt am Main.
– 1984, Un témoignage de Claude Lévi-Strauss sur Boas, in: Études/Inuit/Studies 8 (1), S. 3-6.
– 1987, De la fidélité au texte, in: *L'Homme* 27 (101), S. 117-140.
– 1991, *Histoire de Lynx*, Paris.
– 1993, *Luchsgeschichte. Zwillingsmythologie in der Neuen Welt*, übers. von Hans-Horst Henschen, München.
– 2006a, La Voie des masques (1975, 1979), neu aufgenommen in: ders., *Œuvres*, Paris (Bibliothèque de la Pléiade 543), S. 875-1052.
– 2006b, ›L'Organisation sociale des Kwakiutl‹, in: ders., La Voie des Masques, neu aufgenommen in, ders., *Œuvres*, Paris (Bibliothèque de la Pléiade 543), S. 990-1011.
– 2018, *Der Weg der Masken*, übers. von Eva Moldenhauer, 2. Aufl., Frankfurt am Main.
– 2020, *Anthropologie structurale zéro,* bearb. von Vincent Debaene, Paris.
Liebersohn, Harry, 2018, ›Culture‹ crosses the Atlantic: the German sources of »The Mind of Primitive Man«, in: Ned Blackhawk und Isaiah Lorado Wilner (Hg.), *Indigenous Visions. Rediscovering the World of Franz Boas*, New Haven, S. 91-108.

Lowie, Robert, 1947, Biographical Memoir of Franz Boas, in: *National Academy of Sciences* 24, S. 303-322.
Mackert, Michael, 1994, Franz Boas' theory of phonetics, in: *Historiographia Linguistica* 21 (3), S. 351-384.
Maud, Ralph, 1982, *A Guide to British Columbia Indian Myth and Legend*, Vancouver.
– 1989, The Henry Tate-Franz Boas Collaboration on Tsimshian Mythology, in: *American Ethnologist* 16 (1), S. 158-162.
Mauss, Marcel, 1950, *Sociologie et anthropologie*, Paris.
Mead, Margaret, 1959, Apprenticeship under Boas, in: Walter Goldschmidt (Hg.), *The Anthropology of Franz Boas. Essays on the Centennial of His Birth*, Menasha (American Anthropological Association Memoir 89), S. 29-45.
Müller-Wille, Ludger (Hg.), 2014, *The Franz Boas Enigma*, Montréal.
Petitot, Emile, 1876, *Dictionnaire de la langue déné-dindjié*, Paris.
– 1886, *Traditions indiennes du Canada Nord-Ouest*, Paris.
– 1888, *Traditions indiennes du Canada Nord-Ouest. Textes originaux et traductions littérales*, Alençon.
Powell, John W., 1880, *Introduction to the Study of Indian Languages*, with words phrases and sentences to be collected (1877), Washington.
– 1881, Introductory, in: *First Annual Report of the Bureau of Ethnology, 1879-1880*, Washington, S. xi-xv.
– 1883, Introductory, in: *Second Annual Report of the Bureau of Ethnology, 1880-1881*, Washington, S. xv-xvi.
Rohner, Ronald (Hg.), 1969, *The Ethnography of Franz Boas*, Chicago, London.
Ross, William Gilles, 1984, George Comer, Franz Boas and the American Museum of Natural History, in: Études/Inuit/Studies 8 (1), S. 145-164.
Salmon, Gildas, 2013, Forme et variante, Franz Boas dans l'histoire du comparatisme, in: Michel Espagne und Isabelle Kalinowski (Hg.), *Franz Boas. Le Travail du regard*, Paris, S. 191-220.
– 2017, Introduction (›Mythes, légendes, rêves‹), in: Isabelle Kalinowski und Camille Joseph (Hg.), *Anthropologie amérindienne*, Paris, S. 355-366.
Santini, Carlota, 2018, Can Humanity be Mapped? Adolf Bastian, Friedrich Ratzel and the Cartography of Culture, in: *History of Anthropology Newsletter* 42.
Sapir, Edward, 1909, *Wishram Texts*, Leiden.
– 1917, Linguistic Publications of the Bureau of American Ethnology, a General Review, in: *International Journal of American Linguistics* 1 (1), S. 76-81.
– 1949, The Grammarian and his Language (1924), in: *Selected Writings of Edward Sapir in Language, Culture, Personality*, hg. von David G. Mandelbaum, Berkeley, Los Angeles, S. 149-155.
Scaff, Lawrence C., 2011, *Max Weber in America*, Princeton.
Schoolcraft, Henry Rowe, 1856, *The Myth of Hiawatha, and Other Oral Legends, Mythologic and Allegoric of the North American Indians*, Philadelphia.
Sievers, Eduard, 1912, *Rhythmisch-Melodische Studien. Reden und Aufsätze*, Heidelberg.
Silverstein, Michael, 2015, From Baffin Island to Boasian Induction: How Anthropology and Linguistics Got into Their Interlinear Groove, in: Regna Darnell, Michelle Hamilton, Robert L.A.Hancock und Joshua

Smith (Hg.), *The Franz Boas Papers, vol. I. Franz Boas as Public Intellectual – Theory, Ethnography, Activism*, Lincoln, S. 83-128.
Smith, Marian W., 1959, Boas ›Natural History‹ Approach to Field Method, in: Walter Goldschmidt (Hg.), *The Anthropology of Franz Boas. Essays on the Centennial of His Birth*, Menasha (American Anthropological Association Memoir 89), S. 46-60.
Steller, Georg Wilhelm, 1774, *Beschreibung von dem Lande Kamtschatka*, Frankfurt a.M., Leipzig.
Stocking, George, 1974, The Boas Plan for the Study of American Indian Languages, in: Dell Hymes (Hg.), *Studies in the History of Linguistics*, Bloomington, S. 454-483.
Stumpf, Carl, 1886, Lieder der Bellakula-Indianer, in: *Vierteljahresschrift für Musikwissenschaft*, S. 405-426.
– 1908, Das Berliner Phonogrammarchiv, in: *Internationale Wochenschrift für Wissenschaft, Kunst und Technik* (22. Februar 1908).
– 1911, *Die Anfänge der Musik*, Leipzig.
– 1926, *Die Sprachlaute*, Berlin.
Thisted, Kirsten, 2001, On Narrative Expectations: Greenlandic Oral Traditions about the Cultural Encounter between Inuit and Norsemen, in: *Scandinavian Studies* 73 (3), S. 253-296.
Trautmann-Waller, Céline, 2004, L'ethnologie d'Adolf Bastian entre mélancolie de la déperdition, comparatisme débridé et universalité inductive, in: *Revue germanique internationale* 21, S. 197-212.
– 2013, Unité de l'humanité et unité de la science? Boas et l'anthropologie physique, in: Michel Espagne und Isabelle Kalinowski (Hg.), *Franz Boas. Le Travail du regard*, Paris, S. 53-75.
Trumbull, James H., 1869-1870, On the Best Method of Studying the North American Languages, in: *Transactions of the American Philological Association* 1, S. 55-79.
Tylor, Edward Burnett, 1889, On a method of investigating the development of institutions; applied to laws of marriage and descent, in: *Journal of the Anthropological Institute of Great Britain and Ireland* 18, S. 245-272.
von den Steinen, Karl, 1905, Gedächtnisrede auf Adolf Bastian, in: *Zeitschrift für Ethnologie* II/III, S. 236-249.
Weber, Max, 1992, Max Weber-Gesamtausgabe, Bd. I/17 (Wissenschaft als Beruf 1917/1919 / Politik als Beruf 1919), hg. von Wolfgang J. Mommsen, Wolfgang Schluchter in Zus.-Arb. m. Birgitt Morgenbrod.
– 2005, *La Science, profession et vocation. Suivi de* ›Leçons wébériennes sur la science & la propagande‹, hg. von Isabelle Kalinowski, Marseille.
– 2006, *Sociologie de la religion*, übers. von Isabelle Kalinowski, Paris.
– 2013, *La Domination*, übers. von Isabelle Kalinowski, hg. von Yves Sintomer, Paris.
Whitney, William D., 1860, On Lepsius's Standard Alphabet, in: *Journal of the American Oriental Society* 7 (1860-1863), S. 313-314.
Yu Xie, 1988, Franz Boas and Statistics, in: *Annals of Scholarship* 5, S. 269-296.